지은이_튜링 재단

2009년 앨런 튜링의 가족이 설립한 자선 단체이다. 앨런 튜링은 다른 사람들을 돕는 것에 대해 열정을 가지고 있었고, 제2차 세계 대전 중에 유대인 난민의 학교 교육을 후원했다. 이러한 그의 뜻을 이어받아 튜링 재단은 사하라 사막 이남 아프리카의 학교에 IT 리소스를 제공하고 있고, 지금까지 수천 대의 컴퓨터를 제공함으로써 5만 5,000명이 넘는 학생들이 디지털 기술을 습득할 수 있도록 도왔다. 또한 모든 아이들이 앨런 튜링이 구상했던 혁신적인 기술의 힘을 누릴 수 있도록 앨런 튜링 관련 퍼즐책을 만들고 있다.

지은이_제마 바더

영국에서 활동하는 어린이책 작가이다. 《이성과 감성》《에마》 등 '제인 오스틴 고전 시리즈'를 포함하여 톨스토이의 《안나 카레니나》, 투르게네프의 《아버지와 아들》, 허먼 멜빌의 《모비 딕》 등 어린이를 위한 고전 작품들을 다수 출간했다. 현재는 작가 활동과 더불어 어린이 잡지를 직접 출판하고 있다.

그린이_개러스 콘웨이

서리 예술 디자인 연구소에서 애니메이션 학위를 받았다. 인기 있는 어린이 애니메이션 TV 시리즈와 책의 삽화를 그렸다. 캐릭터가 살아 있는 재미있는 그림으로 많은 호평을 받았다.

옮긴이_신준영

연세대학교 교육학과를 졸업하고 미국 미시간주립대학교에서 교육심리학 박사 학위를 받았다. 이후 호남대학교 교수를 지내며 미국 미심리, 교육심리, 아동발달, 심리검사 등을 강의했다. 옮긴 책으로는 《심리학, 성공의 비밀을 말하다》《가스등 이펙트》《성공적인 수업을 위한 10가지 교수원리》《학습의 이해》 등이 있다.

앨런 튜링과 함께하는
초등 숫자 게임

AI 시대, 수학적 사고력을 강화하는 최신 두뇌 훈련

튜링 재단 · 제마 바더 지음
신준영 옮김

더숲 STEAM

Alan Turing's Number Games for Kids
Copyright © Arcturus Holdings Limited
www.arcturuspublishing.com
All rights reserved.

Korean language edition © 2024 by The Forest Book Publishing Co.
Korean translation rights arranged with Arcturus Publishing Limited through Enterskorea Co., Ltd., Seoul, Korea.

이 책의 한국어판 저작권은 (주)엔터스코리아를 통한 저작권사와의 독점 계약으로 도서출판 더숲이 소유합니다.
저작권법에 의하여 한국 내에서 보호를 받는 저작물이므로 무단전재와 무단복제를 금합니다.

앨런 튜링과 함께하는 초등 숫자 게임

1판 1쇄 인쇄 2024년 3월 4일
1판 1쇄 발행 2024년 3월 11일

지은이 튜링 재단, 제마 바더
옮긴이 신준영

발행인 김기중
주간 신선영
편집 백수연, 유엔제이
디자인 유엔제이
마케팅 김신정, 김보미
경영지원 홍운선
펴낸곳 도서출판 더숲
주소 서울시 마포구 동교로43-1 (04018)
전화 02-3141-8301
팩스 02-3141-8303
이메일 info@theforestbook.co.kr
페이스북·인스타그램 @theforestbook
출판신고 2009년 3월 30일 제2009-000062호

ISBN 979-11-92444-81-9 73410

※ 이 책은 도서출판 더숲이 저작권자와의 계약에 따라 발행한 것이므로
   본사의 서면 허락 없이는 어떠한 형태나 수단으로도 이 책의 내용을 이용하지 못합니다.
※ 잘못된 책은 구입하신 곳에서 바꾸어 드립니다.
※ 책값은 뒤표지에 있습니다.

> 안녕, 친구들!
> 나는 앨런 튜링이에요.
> 두뇌를 깨우고
> 암호를 깨부수며
> 숫자를 깨우치는
> 나의 퍼즐 놀이책에
> 온 것을 환영해요.

앨런 튜링은 누구일까요?

앨런 튜링은 1912년 런던에서 태어났어요. 이 수학 천재의 아이디어는 현대 컴퓨터 기술을 놀라울 정도로 발전시켰지요. 제2차 세계 대전이 계속되는 동안 앨런 튜링은 영국 블레츨리 공원에 있는 암호 해독 본부에서 아주 중요한 임무를 맡았어요. 그는 봄브(Bombe)라고 불리는 기계를 만들어 독일군이 주고받는 암호를 풀 수 있었어요. 연합군은 앨런 튜링의 암호 해독 기술 덕분에 전쟁을 빨리 끝내 많은 생명을 구했어요.

튜링 재단은 어떤 곳인가요?

튜링 재단(THE TURING TRUST)은 앨런 튜링의 가족이 그를 기리려고 만든 자선 단체예요. 튜링 재단은 아프리카 사람들이 컴퓨터를 접할 수 있도록 도와주는 일을 합니다. 여러분이 이 책을 사면 자연스럽게 튜링 재단을 후원하게 됩니다.

염소가 먹어 버린 숫자들

욕심 많은 염소가 숫자들까지 먹어 버렸네요.
왼쪽에서 오른쪽으로, 위에서 아래로 계산식을
살펴보고 사라진 숫자들을 채워 보세요.

5	+		−	3	=	9
+		+		+		
	×	6	+		=	22
×		×		−		
	×		+	7	=	27
=		=		=		
25		19		6		

앨런 튜링과 함께 풀어 보아요!
가로줄과 세로줄 계산식에서 나온 답들을 각각 더해 보세요.
더한 답이 더 큰 쪽은 어디일까요?

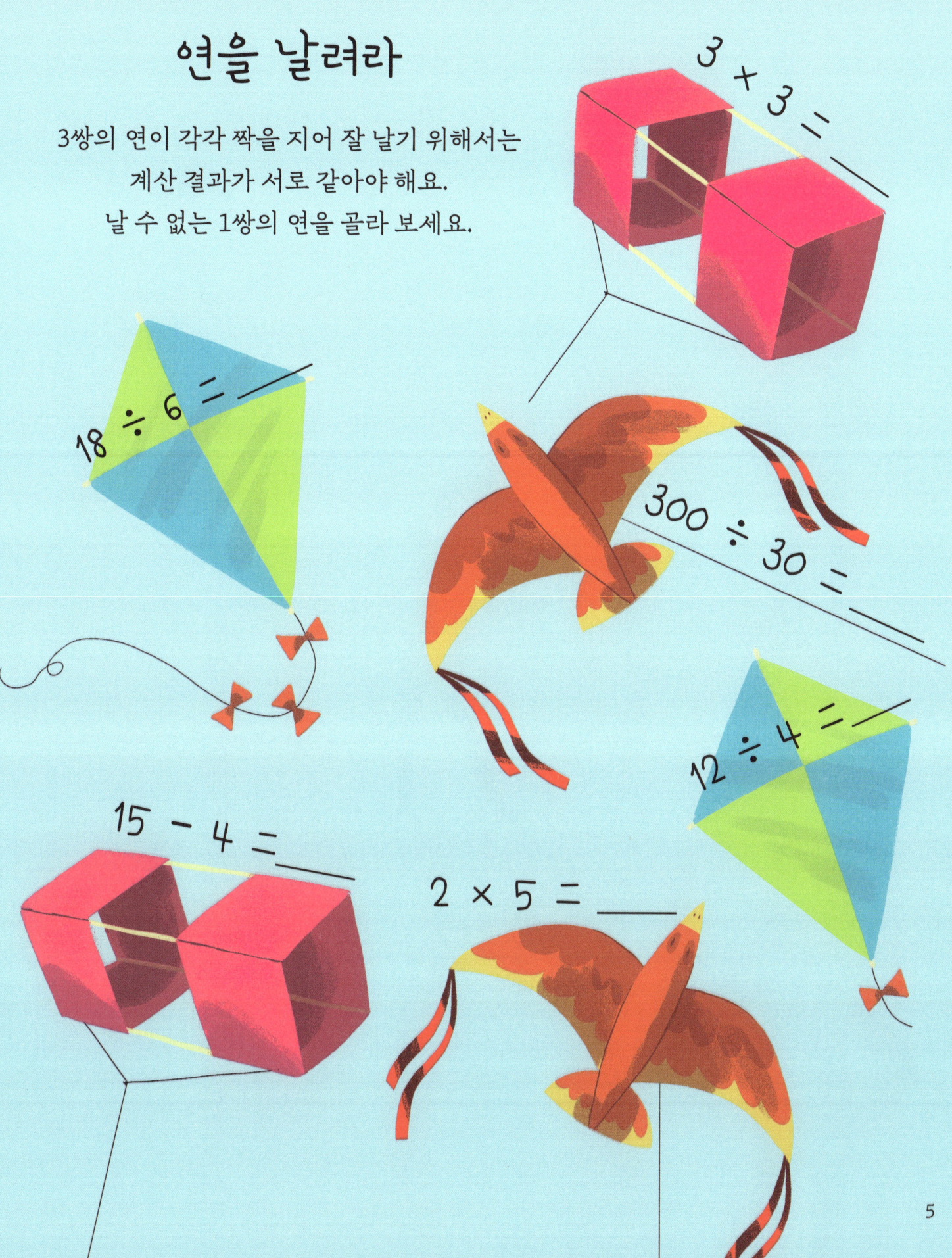

누가 가장 인기가 많을까요?

점수 배점표를 바탕으로 누가 가장 인기가 많은지 알아보세요.

점수 배점표

👍 = 3점

🙂 = 5점

❤️ = 10점

🤩 = 15점

앨런 튜링과 함께 풀어 보아요!

a=1, b=2, c=3, ······ z=26과 같은 코드를 이용하여 Yellow, Green, Blue의 각 글자에 해당하는 숫자를 더하면 어느 단어가 가장 큰 숫자가 될까요?

해변의 더위 피하기

7의 배수는 분홍색, 8의 배수는 초록색, 11의 배수는 주황색으로 칠하면 무더운 해변에서 더위를 피할 수 있는 시원한 부분이 나타나요.

100	10	2	13	17	43	23	5	6	17	9	13
23	13	5	10	7	28	40	8	80	10	3	10
100	17	9	63	14	70	21	96	64	32	13	5
9	3	21	14	49	7	35	28	16	48	17	9
2	17	42	28	84	14	21	70	24	72	100	5
10	6	23	33	121	66	132	22	11	6	9	3
17	43	9	22	55	11	44	99	110	43	23	13
3	10	13	15	110	66	121	132	13	2	6	17
5	9	2	10	6	132	33	6	23	100	23	5
43	6	17	23	5	44	22	2	13	43	9	3

내 피자 조각은 몇 도일까?

360도 피자 가게에 오신 것을 환영합니다! 피자의 조각을 모두 합치면 360도가 되는데, 각 피자에서 숫자가 빠져 있는 조각의 각도를 계산하세요.

앨런 튜링과 함께 풀어 보아요!
피자를 6조각으로 똑같이 나눈다면 1조각은 몇 도가 될까요?

모래에서 수 찾기

모래 위 조개껍데기에서 아래에 있는 숫자를 찾아보세요. 숫자는 각각의 가로줄과 세로줄에서 찾을 수 있는데, 대각선이나 거꾸로는 찾을 수 없어요.

7	3	9	0	2	1	2	0	1	9
4	5	8	4	9	3	9	9	5	0
9	3	2	1	7	7	8	2	2	3
0	9	0	8	2	0	8	2	2	1
8	7	9	5	7	3	2	0	6	1
9	8	0	6	1	4	4	7	8	0
5	1	6	7	1	1	3	2	2	1
6	5	1	1	6	0	4	4	0	5

23　　45　　84
321　　405　　567　　978
2120　　4478　　8956　　9727
11604　　88243　　90311

마법사 윌프

그래프를 이용하여 마법사 윌프의 신비로운 질문에 답해 보세요.
아래의 그래프는 윌프가 일주일 동안 사람들에게 어떤 마법을
몇 번 선보였는지를 나타내고 있어요.

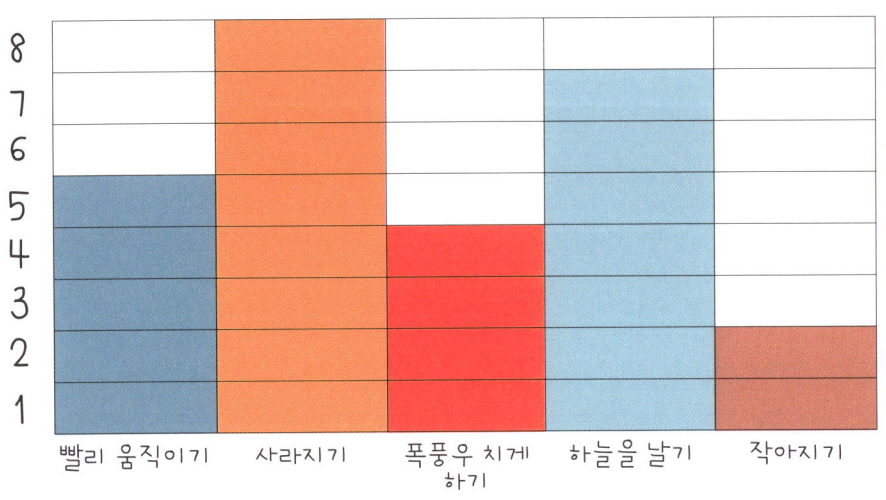

1. 윌프가 폭풍우 치게 하기보다 2배 더 많이 선보인 마법은 어떤 것인가요?
2. 윌프가 폭풍우 치게 하기의 절반만큼 선보인 마법은 어떤 것인가요?
3. 윌프는 사람들에게 마법을 총 몇 번 보여 주었을까요?
4. 사람들은 빨리 움직이기보다 하늘을 날기 마법을 몇 번 더 보았을까요?

앨런 튜링과 함께 풀어 보아요!

마법사 윌프가 마법을 하나 선보이는 데는 5분이 걸려요.
그렇다면 윌프는 이번 주 마법을 선보이는 데
얼마나 많은 시간을 사용했을까요?

동물들의 생일 축하하기

동물들의 나이는 얼마일까요? 각 동물들 옆에 쓰인 분수를 계산하여 나이에 맞는 케이크를 아래에서 고르세요.

$$\frac{8}{2}$$

$$\frac{25}{5}$$

$$\frac{100}{5}$$

$$\frac{90}{6}$$

20

5

15

4

코코넛을 맞히자!

초록 옷을 입은 친구, 빨강 옷을 입은 친구, 파랑 옷을 입은 친구가 코코넛을 향해 각기 자신의 옷 색깔과 같은 3개의 공을 던졌어요. 코코넛에 쓰인 점수에 따라 가장 높은 점수를 얻은 사람은 누구일까요? 그 사람이 바로 승자입니다.

앨런 튜링과 함께 풀어 보아요!

코코넛 맞히기 게임 장소를 자세히 살펴보세요. 알파벳 철자들이 여기저기 숨어 있을 거예요. 그 철자들을 모두 찾아서 맞춰 보면 코코넛 맞히기 게임 장소가 어디인지 알 수 있답니다.

로마 숫자와 일치하는 방 번호 찾기

로마 사람들은 지금 우리가 사용하는 아라비아 숫자와는 다른 숫자를 사용했어요. 로마 숫자와 이에 해당하는 아라비아 숫자가 적힌 문을 서로 연결해 보세요.

책 정리를 도와주세요

도트가 도서관에서 책 정리하는 것을 도와주려고 해요. 하지만 책을 어떻게 정리해야 하는지 모르나 봐요. 어떻게 해야 책들을 정확한 위치에 꽂을 수 있을까요?

사전은 6주에 해당하는 날짜의 숫자가 적힌 곳에 정리해요.

과학책은 2분에 해당하는 초를 계산하면 나오는 숫자가 적힌 곳에 정리해요.

음악책은 1세기에 해당하는 연수의 숫자가 적힌 곳에 정리해요.

소설책은 2년에 해당하는 개월 수의 숫자가 적힌 곳에 정리해요.

앨런 튜링과 함께 풀어 보아요!

정리할 책이 1권 더 남아서 살펴보니 로마 숫자로 XXV라고 쓰여 있었어요. 이 책은 어떤 숫자가 적힌 곳에 정리해야 할까요?

물고기가 잘못되었어요!

아래의 빈칸에 퍼즐 조각들을 올바른 순서로 배열해 보세요.
2, 4, 7, 8, 9, 15, 16번 칸은 이미 올바른 위치에 있어요.

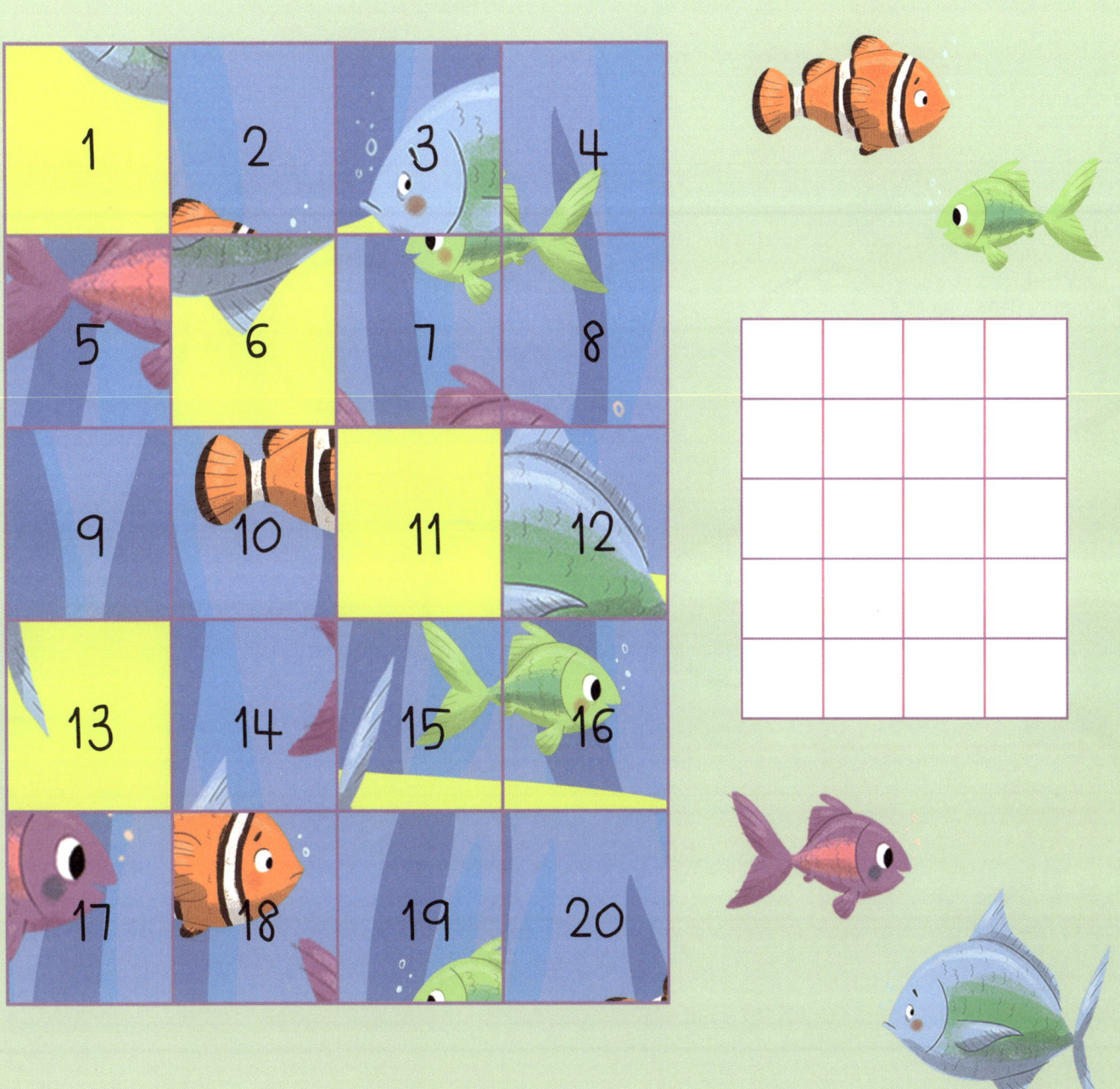

누가 가장 빠를까요?

사이클 경기에서 어떤 선수가 가장 빠른지를 맞혀 보세요. 아래는 선수들의 구간별 기록이랍니다.

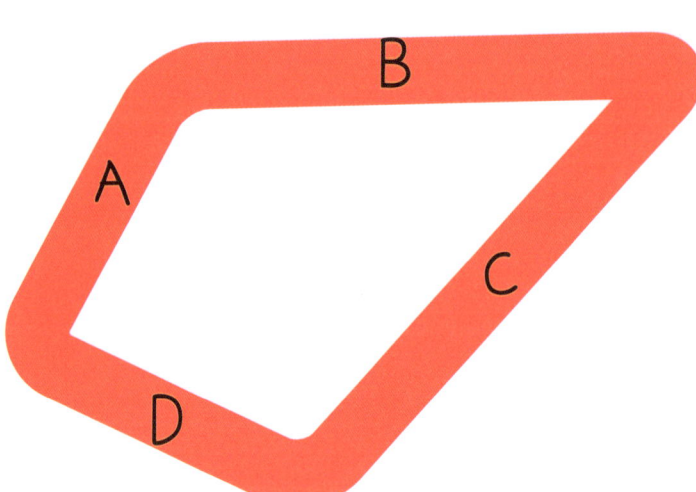

선수 1
A : 4초
B : 5초
C : 1초
D : 4초

선수 2
A : 1.5초
B : 5초
C : 1초
D : 3.5초

선수 3
A : 2.5초
B : 5초
C : 1.5초
D : 4초

앨런 튜링과 함께 풀어 보아요!

소수가 아닌 기록을 낸 선수는 누구일까요?
잠깐! 여기서 소수란, 1과 그 수 자신 이외의
자연수로는 나눌 수 없는 수를 말해요.

컵케이크 선택하기

이스매가 마음에 드는 컵케이크를 고르고 있어요. 아래의 설명을 바탕으로 이스매가 원하는 컵케이크를 골라 보세요.

내가 원하는 컵케이크의 번호는 짝수예요.
내가 원하는 컵케이크의 번호는 6의 배수가 아니에요.
내가 원하는 컵케이크의 번호는 15보다 작아요.
내가 원하는 컵케이크의 번호는 5의 배수예요.

신기한 퍼즐 나무

1에서 9까지의 수를 빈칸에 채우세요. 가로줄에 놓인 수를 더한 합은 왼쪽 초록색 칸의 작은 숫자가 되고, 세로줄에 놓인 숫자의 합은 위쪽 초록색 칸의 작은 숫자가 됩니다.

기차 여행을 떠나요!

어느 기차가 승객을 가장 많이 태울까요?

기차 1

각 객차에 17명의 승객을 태울 수 있어요.

기차 2

빨간색 칸에 10명의 승객을 태울 수 있어요.

기차 3

첫 번째와 마지막 객차에 11명의 승객을 태울 수 있고,
가운데 객차에는 8명을 태울 수 있어요.

기차 4

파란색 창문마다 3명씩 앉을 수 있어요.

앨런 튜링과 함께 풀어 보아요!
위에 나온 기차에는 전부 몇 사람을 태울 수 있을까요?

영화 관람 시간이다!

티켓에 나와 있는 수식을 계산해 보세요. 영화 상영관의 번호를 알 수 있을 거예요.

폴짝폴짝 얼음 덩어리 밟기

펭귄들이 각자의 몸에 쓰인 숫자를 얻기 위해 밟은 3개의 얼음 덩어리는 각각 어떤 것인지 선으로 이어 표시해 보세요. 출발점은 숫자 1로 시작해요.

맛있는 보상

힘들게 얼음 위를 건너온 펭귄들이 점심을 먹으려 해요. 9의 배수에 해당하는 숫자 칸을 색칠해 보면 펭귄들의 먹이가 나타날 거랍니다.

5	24	67	52	16	12	60	24	30	7	50	12
47	13	82	7	79	20	5	95	10	79	16	32
10	52	20	30	93	43	98	32	20	52	93	6
60	16	32	89	24	52	54	27	67	12	43	95
26	36	43	6	47	81	36	63	45	67	47	10
12	54	81	26	9	72	90	99	81	18	30	82
89	45	18	36	54	45	18	54	99	72	36	43
5	63	72	60	27	63	90	36	72	45	26	52
50	9	16	7	52	81	45	63	9	60	24	50
24	79	93	20	32	24	27	54	95	5	20	89
95	82	30	10	60	6	47	93	79	82	67	79
7	95	47	52	93	50	12	79	7	32	16	6

앨런 튜링과 함께 풀어 보아요!
위와 같은 숫자 표를 만든 뒤, 일정한 모양이 나타나도록 문제를 만들어 친구들과 풀어 보세요.

댄스 경연 대회

심사 위원들은 각자 다른 평가 기준을 가지고 있어요. 심사 위원들이 매긴 점수를 바탕으로 오른쪽 질문에 답해 보세요.

1. 가장 낮은 점수를 받은 팀은 어느 팀인가요?
2. 가장 높은 점수를 받은 팀은 어느 팀인가요?
3. 최고점과 최저점의 차이가 가장 큰 팀은 어느 팀인가요?

볼룸 보이스: 4, 6, 7, 8

팀 탱고: 7, 8, 7, 8

힙합 후레이: 5, 7, 7, 10

삼바 스타스: 8, 9, 9, 10

앨런 튜링과 함께 풀어 보아요!

4팀의 평균 점수는 얼마인가요? 4팀의 점수를 모두 더해서 4로 나누면 알 수 있어요.

소파의 길이는 얼마일까?

어떤 방을 위에서 내려다본 모습이에요. 주어진 수치를 이용하여 긴 소파와 1인용 소파의 길이를 구해 보세요.

악기를 연주해요

각 악기에는 소리가 얼마나 큰가에 따라 숫자가 주어져요. 그림에서 가로로 더한 수와 세로로 더한 수를 살펴보세요. 바이올린이 5이고 기타가 14라면, 나머지 악기들에는 각각 어떤 숫자가 주어질까요?

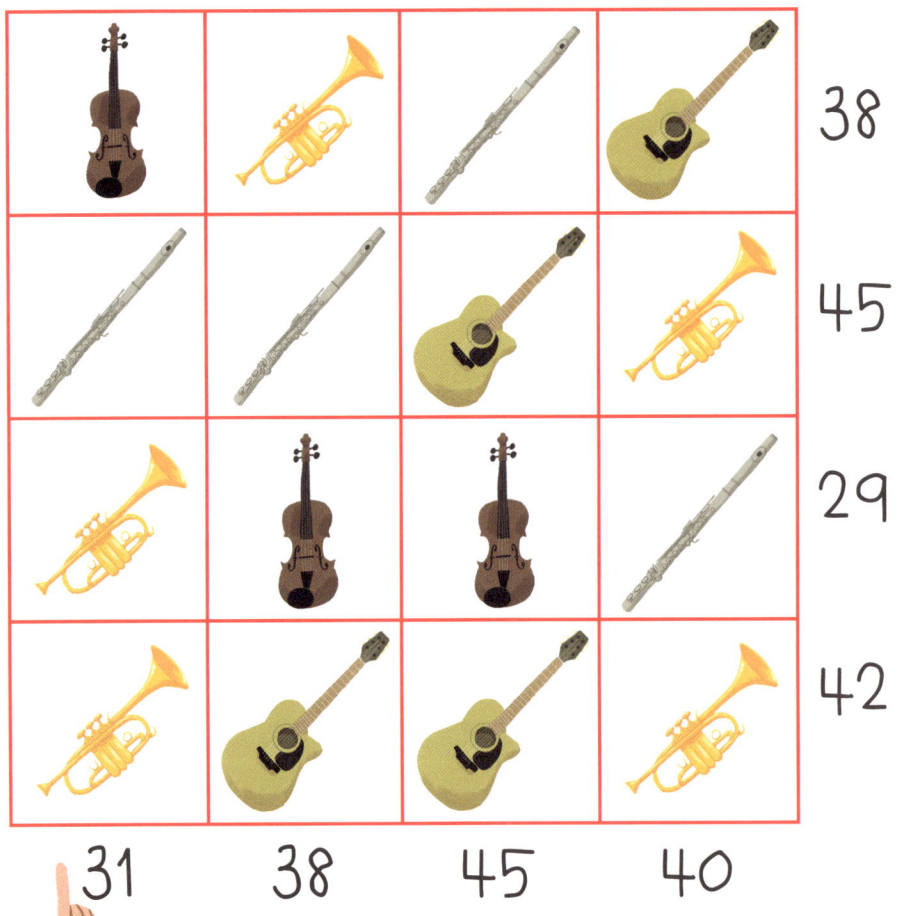

앨런 튜링과 함께 풀어 보아요!
소리가 가장 큰 악기 10개가 모이면, 그 숫자의 합은 얼마일까요?

무너진 성

이 성을 다시 손보려면 계산식을 완성해야 해요.
빈칸에 알맞은 숫자를 채워서 성루를 완성하세요.

7 × 3 =
+ −
19
= =
13 − = 2

12 − 6 =
+ ×
3
= =
15 + =

4 × = 20
+ +
= =
12 × 2 =

케이크 똑같이 나누기

각 파티에 참석하는 사람의 수에 따라 케이크를 똑같이 나눌 수 있도록 선을 그어 보세요.

파티 1에는
8명이
참석해요.

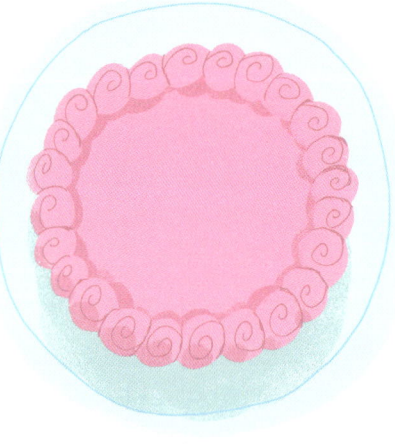

파티 2에는
6명이
참석해요.

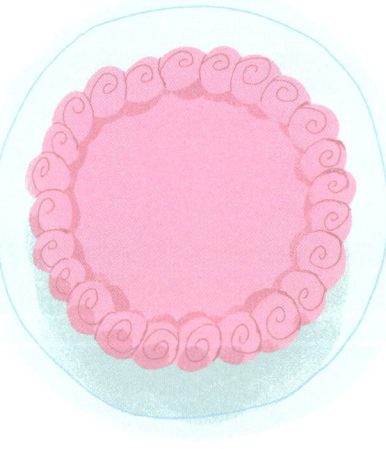

파티 3에는
16명이
참석해요.

앨런 튜링과 함께 풀어 보아요!

원의 각도는 360도예요. 동그란 케이크를 6명이 똑같이 나눈다면 케이크 1조각은 몇 도일까요?

공놀이하는 강아지

강아지들이 숫자가 쓰인 공을 2개씩 가지고 놀고 있어요. 2개의 공에 쓰인 숫자를 더하면 강아지 옆에 쓰인 숫자가 되지요. 강아지들이 가지고 노는 공들은 각각 어떤 것일까요?

보물을 찾아라!

패치 선장은 가지고 있는 보물을 어떤 섬에 파묻었어요. 아래의 좌표를 이용해 보물이 묻혀 있는 장소를 찾아 X 표시 하세요.

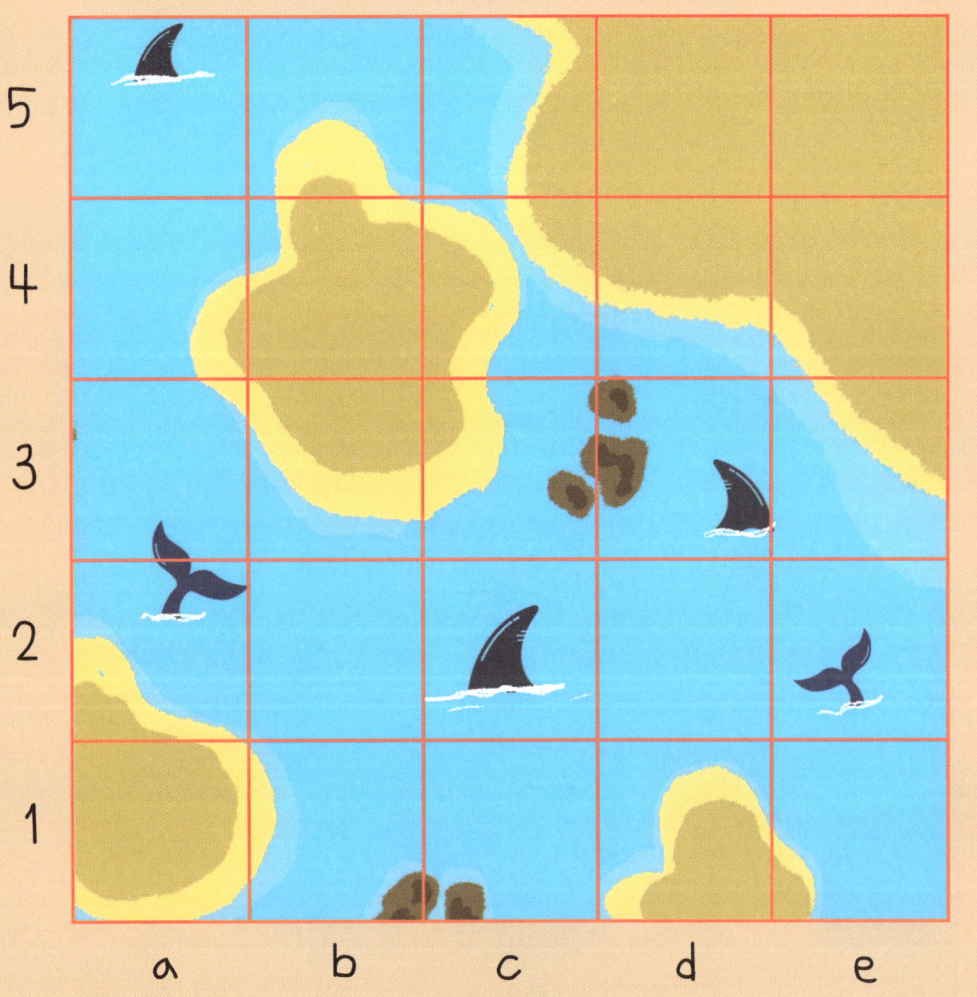

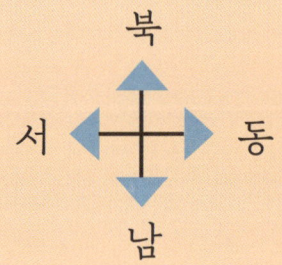

3b에서 출발
남쪽으로 2칸 이동
서쪽으로 1칸 이동
북쪽으로 4칸 이동
동쪽으로 2칸 이동
남쪽으로 1칸 이동
동쪽으로 2칸 이동

뒤로 이동하는 동물?

해마는 뒤쪽으로도 헤엄칠 수 있다는 사실을 알고 있나요? 해마가 뒤로 헤엄치듯 계산도 거꾸로 할 수 있어요. 답을 먼저 살펴보고 빈칸에 해당하는 숫자를 찾아보세요.

$24 = \underline{} \times 12$

$17 = \underline{} - 10$

$27 = 3 \times \underline{}$

$12 = 36 \div \underline{}$

앨런 튜링과 함께 풀어 보아요!

a=1, b=2, c=3, …… z=26과 같은 코드를 이용하여 8, 21, 13, 13, 9, 14, 7, 2, 9, 18, 4를 알파벳 철자로 바꾼다면 뒤로 날 수 있는 새 또한 알 수 있을 거예요. 과연 어떤 새일까요?

꽃이 된 숫자

각각의 가로줄과 세로줄의 빈칸에 1부터 6까지의 숫자를 채워 보세요. 단, 같은 숫자가 반복되어서는 안 돼요. 2개의 수는 꽃으로 표현했으니 주의하세요.

1	🌸	3	4		🌸
	🌸		🌸	1	
🌸		🌸		4	1
5	1	4		🌸	🌸
🌸	4		🌸	3	5
3		🌸	1	🌸	4

🌸 = 2
🌸 = 6

숫자 퍼즐 채우기

아래 주어진 모든 숫자들을 빈칸에 채워 넣으세요.

20
49
190
292
681
696
948

971
8541
9031
9329
722329
6592528
6917048

앨런 튜링과 함께 풀어 보아요!
위의 수 가운데 더하면 988이 되는 두 수는 어떤 것일까요?

사자는 너무 졸려

동물원 사육사가 게으른 사자들이 얼마나 오랫동안 잠을 자는지 지켜보고 있어요. 가장 오래 잠을 잔 사자는 누구인지 알아보세요.

사자 1은 오후 2시부터 오후 5시까지 잠을 자고 일어나 저녁을 먹었어요. 그리고 다시 오후 9시부터 다음 날 오전 8시까지 잠을 잤어요.

사자 2는 오후 12시부터 오후 1시까지 잠을 자고 나서, 점심을 먹은 다음 오후 6시까지 놀았어요. 그리고 또 잠을 자기 시작하더니 다음 날 오전 7시까지 일어나지 않았어요.

사자 3은 오후 12시부터 오후 4시까지 잠을 자고, 또 오후 7시에 잠들기 시작해 다음 날 오전 3시에 깨어나서는 오전 4시에 다시 잠들어 오전 8시에 일어났어요.

사자 4는 오후 3시부터 오후 5시까지 잠을 잤어요. 그리고 다시 오후 9시부터 다음 날 오전 7시까지 잠을 잤어요.

백팩을 골라내자!

틸다가 맡겨 둔 백팩을 찾으려면 가방에 붙어 있는 번호를 알아내야 해요. 아래의 힌트를 보고 번호를 맞혀 보세요.

틸다의 백팩 번호는 30보다 작은 수예요.

백팩 번호는 홀수예요.

백팩 번호는 24보다 커요.

앨런 튜링과 함께 풀어 보아요!
친구의 백팩도 찾아 줘야 해요. 백팩 번호는 7의 배수예요.

수영장에서 숫자 놀이 하기

미끄럼틀을 타면서 주어진 수식을 순서대로 계산하세요. 미끄럼틀 밖으로 나왔을 때 각각 어떤 수를 얻을 수 있을까요?

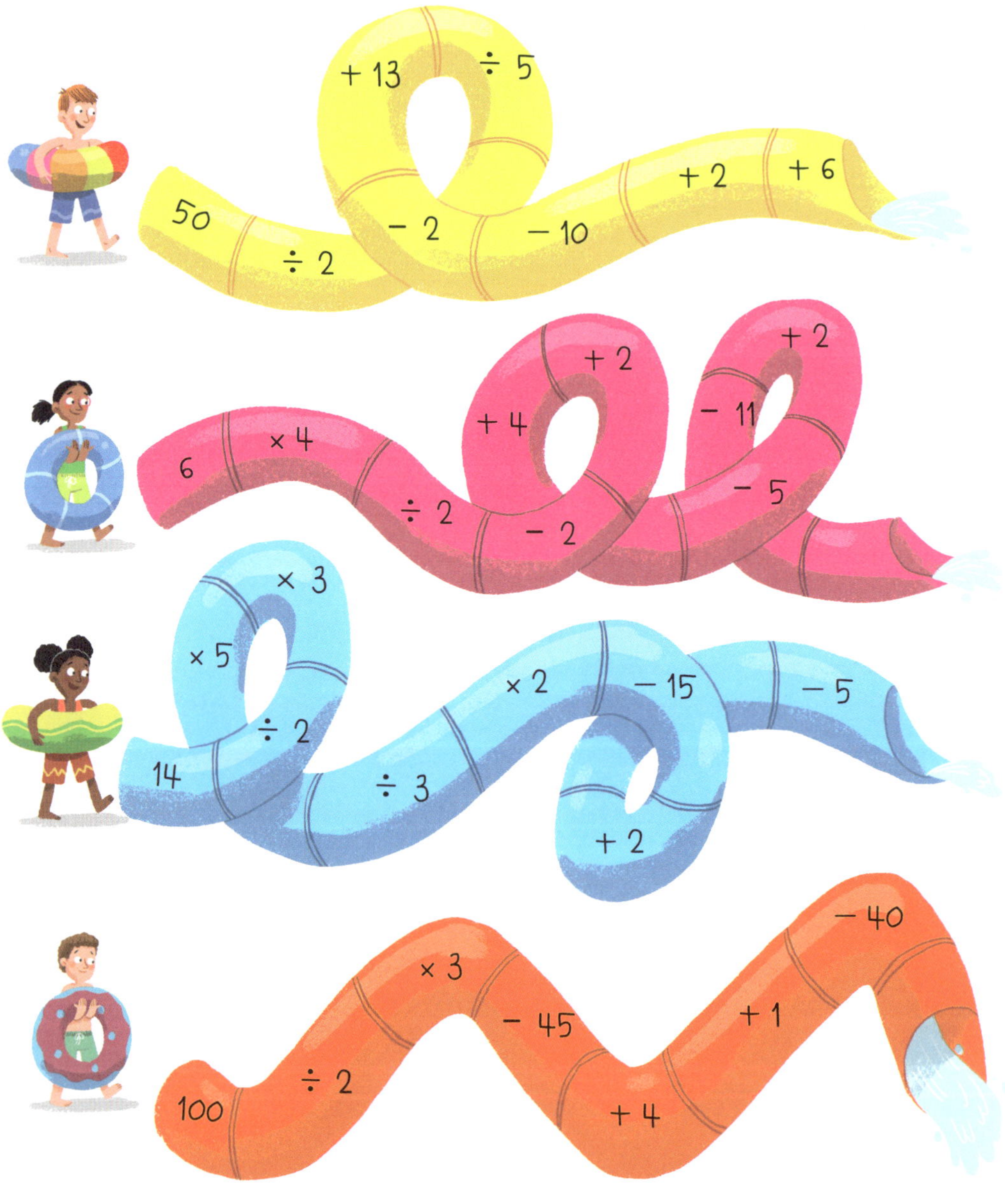

노란색 미끄럼틀: 50, ÷2, −2, +13, ÷5, −10, +2, +6

분홍색 미끄럼틀: 6, ×4, ÷2, −2, +4, +2, −11, −5

파란색 미끄럼틀: 14, ÷2, ×5, ×3, ÷3, +2, ×2, −15, −5

주황색 미끄럼틀: 100, ÷2, −45, ×3, +4, +1, −40

앨런 튜링과 함께 풀어 보아요!

4개의 미끄럼틀을 타고 난 뒤에 얻은 수들을 모두 더하면 얼마일까요?

출발

4	10	42	63	75	95	21	42
8	12	18	50	21	13	35	63
63	16	22	13	38	77	21	14
42	20	24	28	30	89	25	50
62	63	75	32	38	21	95	63
10	44	40	36	42	43	63	13
50	48	46	42	68	72	76	70
63	52	56	60	64	96	80	84

도착

편지 봉투 연결하기

숫자 4에서 시작하여 4씩 더한 숫자를 따라 선으로 연결해 보세요. 선을 연결할 때 가로나 세로로는 연결할 수 있지만 대각선으로는 연결할 수 없어요.

가격표

 금화 5닢

 금화 2닢

 금화 6닢

 금화 3닢, 2개를 사면 1개는 무료

마법의 가게로 오세요!

요정들이 마법의 가게에서 물건을 사요. 점원은 각 요정들에게 물건 값을 얼마나 받아야 할까요?

앨런 튜링과 함께 풀어 보아요!

마법의 가게 요정 점원의 나이는 얼마일까요?
그의 나이는 마법 지팡이 5개 가격에
컵케이크 2개의 가격을 곱한 수와 같아요.

과자를 안 주면 장난칠 거예요

3명의 아이들이 핼러윈 파티에서 받은 과자들을 모아 공평하게 나누려고 해요. 이 과자들을 3명이 똑같이 가질 수 있도록 나누어 보세요.

아이들이 받아 온 과자 목록:
초콜릿 33개
막대 사탕 18개
젤리 39개

초콜릿

젤리

막대 사탕

교체 선수를 찾아라!

3명의 주전 선수와 1명의 교체 선수로 구성된 2개의 축구팀이 있어요. 선수들의 옷에는 번호가 붙어 있는데, 주전 선수 3명의 번호를 합친 수를 팀 이름으로 정했어요. 그렇다면 각 팀의 교체 선수는 누구일까요?

25 유나이티드

33 로버스

비행기 탑승권의 비밀

비행기 탑승권에 항공기의 이름을 알 수 있는 단서가 숨어 있어요. 항공사의 이름과 탑승권에 쓰인 숫자들을 잘 살펴보고, 각 탑승권에 해당하는 항공기를 짝지어 보세요.

탑승권 1
47 29
43 31 41 37

탑승권 2
49 56
35 7 21
42

탑승권 3 9
5 81 77 23
13

앨런 튜링과 함께 풀어 보아요!

각 항공기 탑승권에 쓰여 있는 번호를 더하면 탑승 인원수가 나오는데, 승객을 가장 많이 태우는 항공기는 어느 것인가요?

맛 좋은 토핑이 가득한 피자

주세페가 만드는 피자는 매우 인기 있어서 많은 주문이 들어왔어요. 각 피자를 만드는 데 얼마나 많은 토핑이 필요한지 계산해 보세요.

주세페는 각 토핑마다 개수를 다르게 올리고 있어요. 버섯은 3개, 후추는 1개, 토마토는 2개, 올리브는 5개 그리고 페퍼로니는 6개를 사용하지요. 만일 올리브 토핑이라면 5개의 올리브가 사용되는 거예요.

버섯, 올리브, 후추 토핑 피자 1판
올리브, 페퍼로니, 토마토 토핑 피자 2판
버섯과 올리브 토핑 피자 1판
페퍼로니와 후추 토핑 피자 2판
모든 토핑이 올라간 피자 1판

토핑 목록:

	버섯
	토마토
	후추
	올리브
	페퍼로니

앨런 튜링과 함께 풀어 보아요!

a=2, b=4, c=6, d=8, …… z=52와 같은 규칙의 코드를 사용하여 다음의 숫자가 가리키는 알파벳 철자를 찾아 어떤 토핑인지 알아보세요.

26, 42, 38, 16, 36, 30, 30, 26, 38

마법 물약 정리하기

마법 물약에 붙은 숫자는 일정한 규칙을 가지고 있어요.
각 열의 마지막 마법 물약에는 어떠한 숫자가 올까요?

숫자 따라가기 여행

밀림을 무사히 통과하기 위해 출발점에서 시작하여 숫자가 쓰인 칸을
홀수, 짝수, 홀수, 짝수의 순서로 선을 그리며 따라가세요.
위·아래·옆으로는 갈 수 있지만,
대각선으로는 갈 수 없어요.

출발

13	23	40	89	16	57
24	6	22	17	80	90
77	36	57	97	9	77
31	22	81	10	12	4
26	30	23	33	43	52
7	11	9	4	61	5

도착

원숭이는 과일을 좋아해

원숭이들이 모아 두었던 과일들을 공평하게
나누려고 해요. 3마리의 원숭이들은
어떤 과일을 몇 개씩 가질 수 있나요?

앨런 튜링과 함께 풀어 보아요!
만약 원숭이가 2마리라면, 몇 개의 과일을 가질 수 있을까요?

숨은 간식을 찾아라!

아래의 숫자 판에서 8의 배수는 갈색으로 칠하고,
11의 배수는 빨간색으로 칠하면 맛있는 간식이 나타날 거예요.

3	54	5	42	15	7	14	3	90	18	2	25
12	18	36	37	27	18	42	81	30	10	7	27
25	6	90	42	32	8	25	18	6	54	30	54
10	2	30	11	77	64	72	41	15	18	16	5
81	15	40	55	66	33	40	48	2	42	25	36
7	17	8	64	33	110	44	80	16	36	10	3
27	54	42	80	32	22	77	99	64	80	81	90
14	7	3	18	48	72	11	66	44	32	64	12
2	25	38	27	81	16	64	99	33	22	16	2
5	12	36	7	54	27	80	32	11	44	18	42
42	18	10	15	39	25	6	2	54	14	43	10
6	90	2	14	3	42	18	12	81	5	15	7

보석이 아닌 보석

보석들이 3개의 세트로 나뉘어 있어요. 그런데 각 세트에는 가짜 보석이 섞여 있지요. 세트에 속하지 않는 번호를 찾아 가짜 보석을 골라내세요.

세트 1

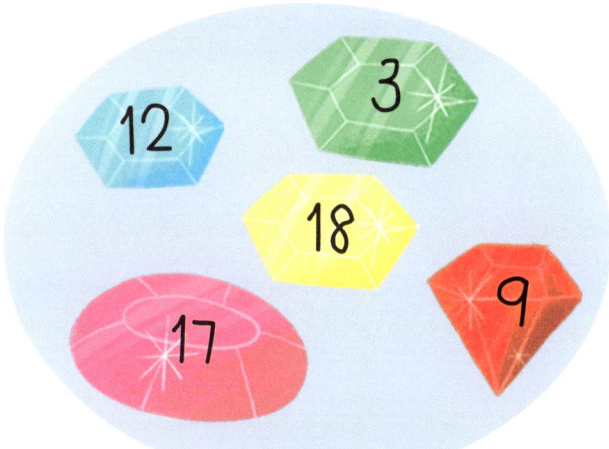

세트 2

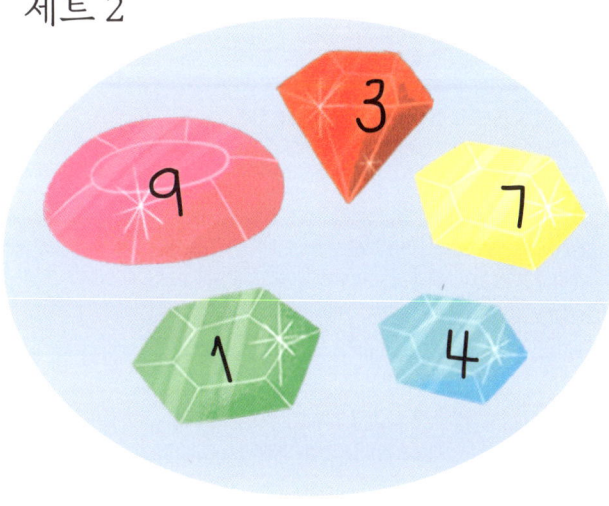

세트 3

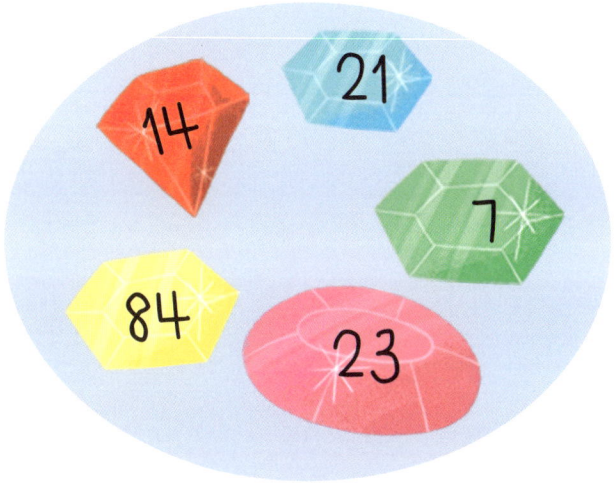

앨런 튜링과 함께 풀어 보아요!
가짜 보석을 찾았다면, 그 수의 합을 구해 보세요.

꿀벌을 도와주세요

꿀벌이 집으로 돌아가고 싶어 해요. 2의 배수나 5의 배수가 쓰인 육각형 칸을 따라가면 집을 찾을 수 있어요.

출발

5	27	9	23	19	31	61	41	1	71
59	2	19	1	50	65	12	59	41	33
1	20	45	42	7	27	14	1	57	77
71	99	41	31	67	1	35	31	9	15
33	1	77	1	23	72	77	61	71	23
23	15	57	67	50	48	17	99	31	27
9	31	41	52	1	57	23	33	41	7
15	1	1	19	70	14	59	25	72	11
71	67	7	57	61	16	40	13	18	1
59	31	99	41	57	27	19	71	9	22

도착

앨런 튜링과 함께 풀어 보아요!

이 그림에 나타나는 육각형 칸의 수를 하나하나 세어 보지 않고 빨리 짐작해 맞혀 보세요. 여러분이 짐작한 수는 정답에 얼마나 가까운가요?

해변의 하루

수상 안전 요원은 매일 해변을 다녀간 사람들의 수를 헤아려 표를 작성하고 있어요. 아래의 표를 이용하여 4가지 질문에 답해 보세요.

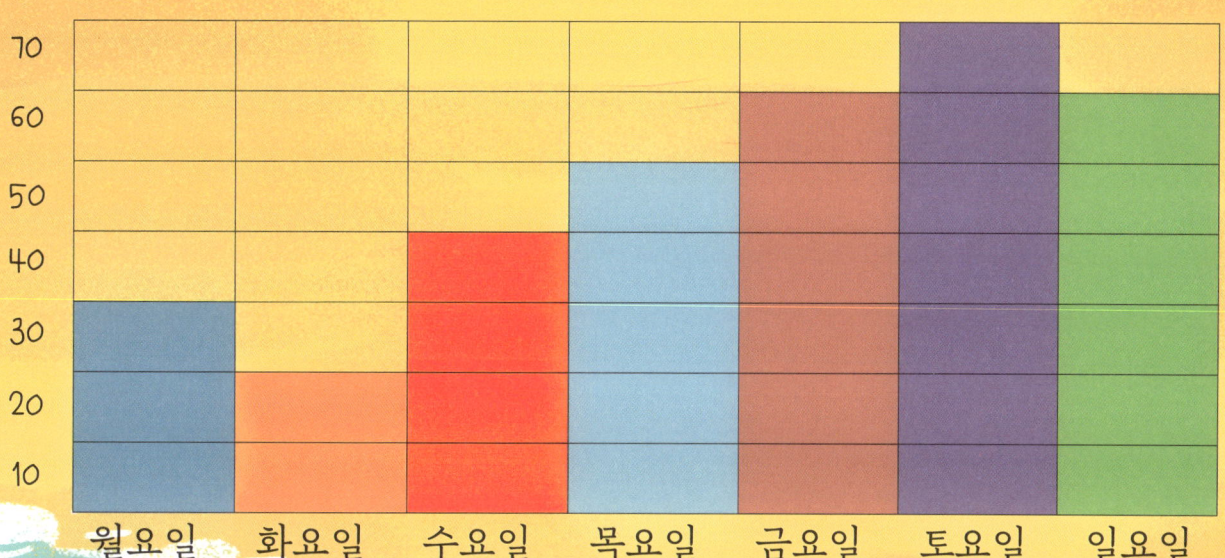

1. 해변을 다녀간 사람의 수가 가장 적은 날은 언제인가요?
2. 50명 이상의 사람이 방문한 날은 모두 며칠인가요?
3. 일요일은 월요일보다 사람이 몇 명 더 다녀갔을까요?
4. 토요일과 일요일에 해변을 다녀간 사람은 모두 몇 명인가요?

도둑아, 게 섰거라!

보석 도둑 잡는 것을 도와주세요. 아래의 수수께끼를 풀면 도둑이 어느 문 뒤에 숨어 있는지 맞힐 수 있어요.

수수께끼

1. 존스 씨에게는 5명의 아들이 있어요. 이들에게는 각각 1명의 누이가 있지요. 존스 씨의 아이는 전부 몇 명일까요?

2. 바구니에 6개의 컵케이크가 있어요. 그중 당신이 2개를 꺼낸다면 몇 개의 컵케이크를 가진 걸까요?

3. 할아버지의 나이는 그 아들의 2배예요. 또 할아버지의 손자의 나이는 아들의 4분의 1이었지요. 손자의 나이가 8살이라면, 할아버지의 나이는 얼마나 될까요?

6 2 64

10 4 32

6 4 64

10 2 80

토끼가 깡충!

땅속에 있는 4마리의 토끼는 각각 어느 나무를 통해 나올까요?
나무와 토끼에 쓰인 숫자를 계산해 맞혀 보세요.

주인을 찾아주세요

강아지가 주인에게 돌아가고 싶어 해요. 강아지를 도와주려면 6의 배수가 되는 칸만 통과해야 돼요. 위·아래·옆으로는 갈 수 있지만 대각선으로는 갈 수 없어요.

출발

24	14	1	77	11	89	9	46	88	1
36	9	12	18	30	11	34	56	56	33
48	66	6	46	60	43	89	11	14	1
56	55	46	1	36	46	34	3	43	44
89	33	18	42	24	9	9	1	55	22
9	88	12	1	77	11	55	88	9	46
1	43	12	43	42	48	54	3	1	89
43	22	66	30	18	99	6	77	3	22
14	34	46	1	55	33	48	42	22	77
89	1	88	77	45	14	88	12	30	60

도착

스마트하지 않은 스마트폰

스마트폰 메시지들을 살펴보면 10보다 작은 어떤 수를 이야기하고 있다는 것을 알 수 있어요. 어떤 수일까요?

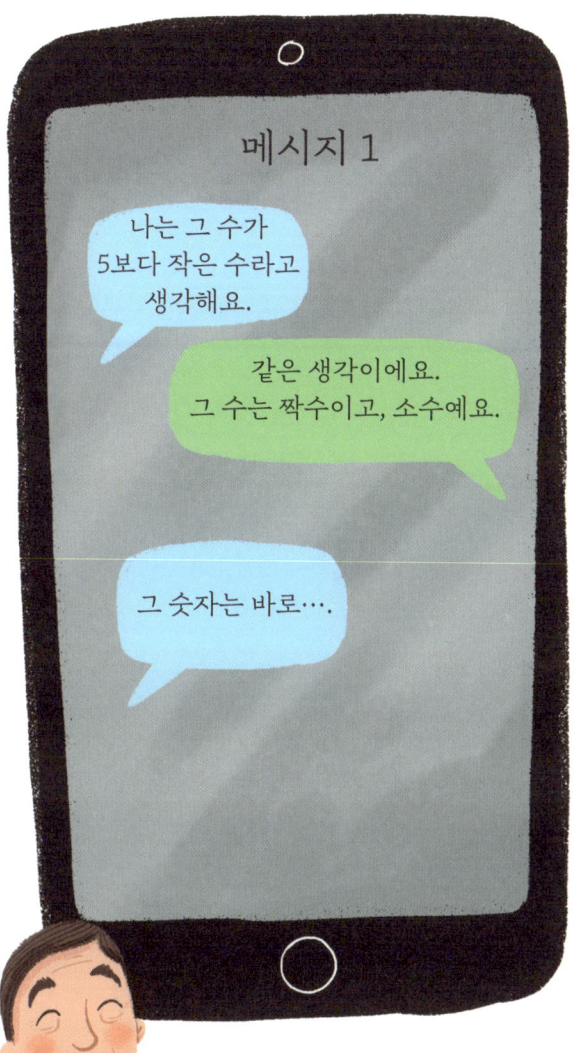

메시지 1
- 나는 그 수가 5보다 작은 수라고 생각해요.
- 같은 생각이에요. 그 수는 짝수이고, 소수예요.
- 그 숫자는 바로….

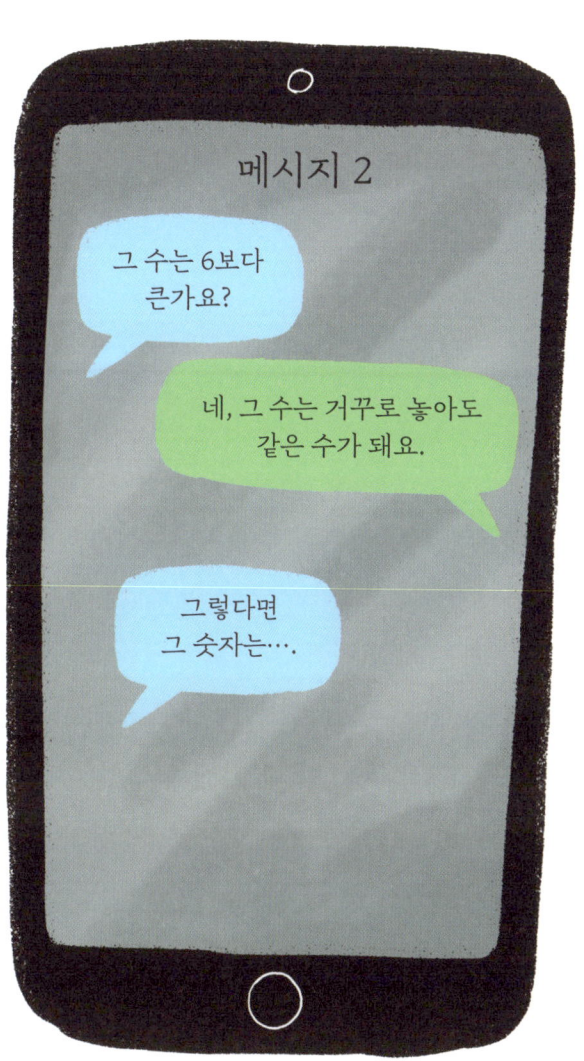

메시지 2
- 그 수는 6보다 큰가요?
- 네, 그 수는 거꾸로 놓아도 같은 수가 돼요.
- 그렇다면 그 숫자는….

앨런 튜링과 함께 풀어 보아요!

제2차 세계 대전 당시 가장 빠르게 메시지를 보내는 방법은 전신을 이용하는 것이었어요.
아래의 전신을 통해 알려 주고자 하는 수는 무엇일까요?

빠뜨린 숫자는 4보다 큽니다. 경고! 그 숫자는 10보다 작습니다.
이 수는 다른 수를 제곱하면 얻을 수 있습니다.

외계인의 모험

외계인 스큅이 자신의 별로 돌아가려 해요. 9의 배수가 되는 숫자 칸으로 이동하면 타고 온 우주선으로 갈 수 있어요. 단, 위·아래·옆으로는 이동할 수 있지만 대각선으로는 움직일 수 없어요.

출발

24	14	1	77	18	89	7	46	88	1
35	19	12	17	72	111	34	56	56	33
48	66	108	90	45	43	89	11	114	1
56	55	27	1	36	46	34	3	43	44
89	33	99	36	24	8	71	1	55	22
19	88	12	9	77	11	55	88	8	46
1	63	54	81	42	48	52	3	1	89
43	117	66	30	16	96	6	77	3	22
14	18	180	90	72	33	108	45	99	77
89	1	88	77	63	54	27	12	27	9

도착

새 학기가 시작됐어요

홈스 선생님이 새 학기를 맞이하여 5명의 학생들에게 학용품을 똑같이 나누어 주려고 해요. 학생들은 어떤 학용품을 몇 개씩 받을 수 있나요?

앨런 튜링과 함께 풀어 보아요!

이런! 홈스 선생님을 생각하지 않았네요. 선생님이 책을 1권 가져간다면 학생들은 각각 몇 권의 책을 받을 수 있고, 또 몇 권의 책이 남을까요?

어느 길이 더 빠를까?

택배 기사가 소포를 모두 배달할 수 있는 가장 빠른 도로는 어디일까요? 구간별로 표시되어 있는 통과 시간을 확인하세요.

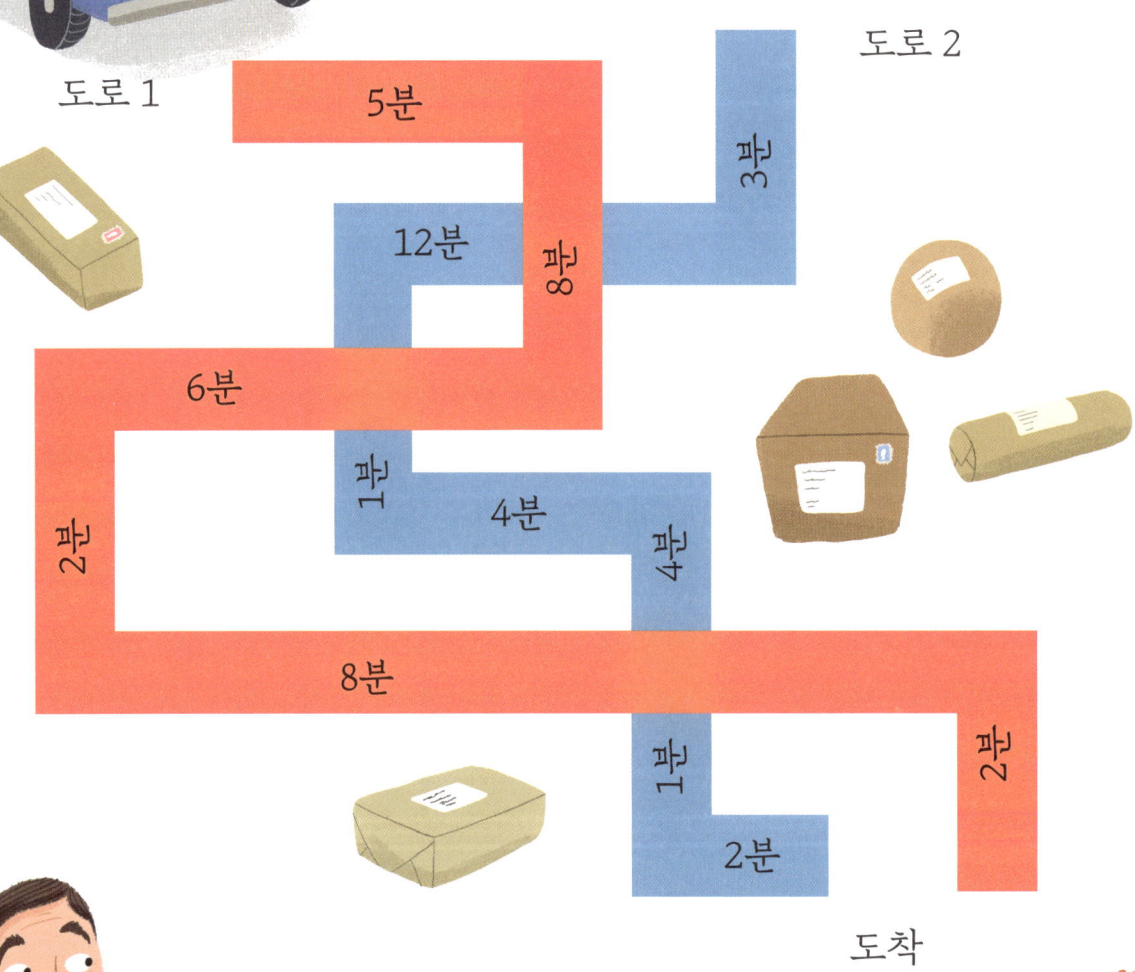

앨런 튜링과 함께 풀어 보아요!

택배 차량이 오전 11시 45분에 도로 1을 출발한다면, 배달이 끝나는 시간은 몇 시일까요?

더해야만 오를 수 있는 산

등반가들이 산 정상에 오를 수 있도록 각 빈칸을 채우세요. 빈칸에 들어갈 수는 바로 아래에 걸쳐 있는 두 수를 더한 합이에요.

숨겨 둔 도토리는 어디에

다람쥐가 겨울을 나기 위해 도토리들을 모아 숨겨 놓았는데, 그 위치가 어디인지 기억하지 못하나 봐요. 아래의 좌표를 따라가 도토리를 숨겨 놓은 곳을 찾고, X 표시를 하세요.

3 →	4 ↓	2 ←	3 ↓	4 →	1 ↑	3 →	4 ↑	2 ←	3 ↓	2 ←	3 ↑

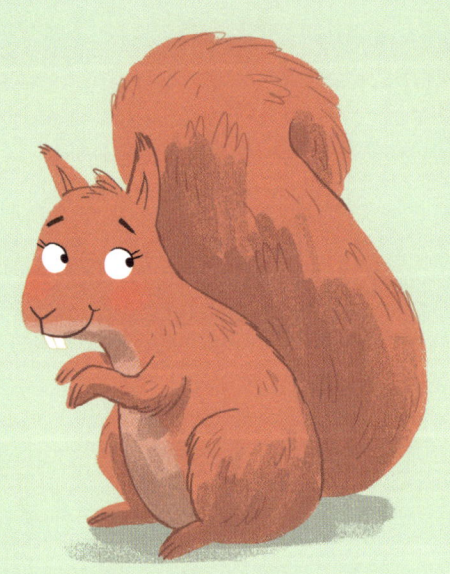

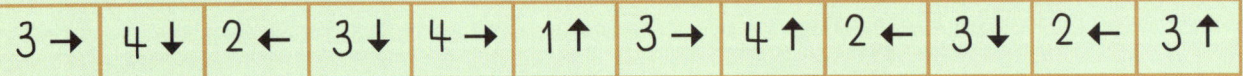

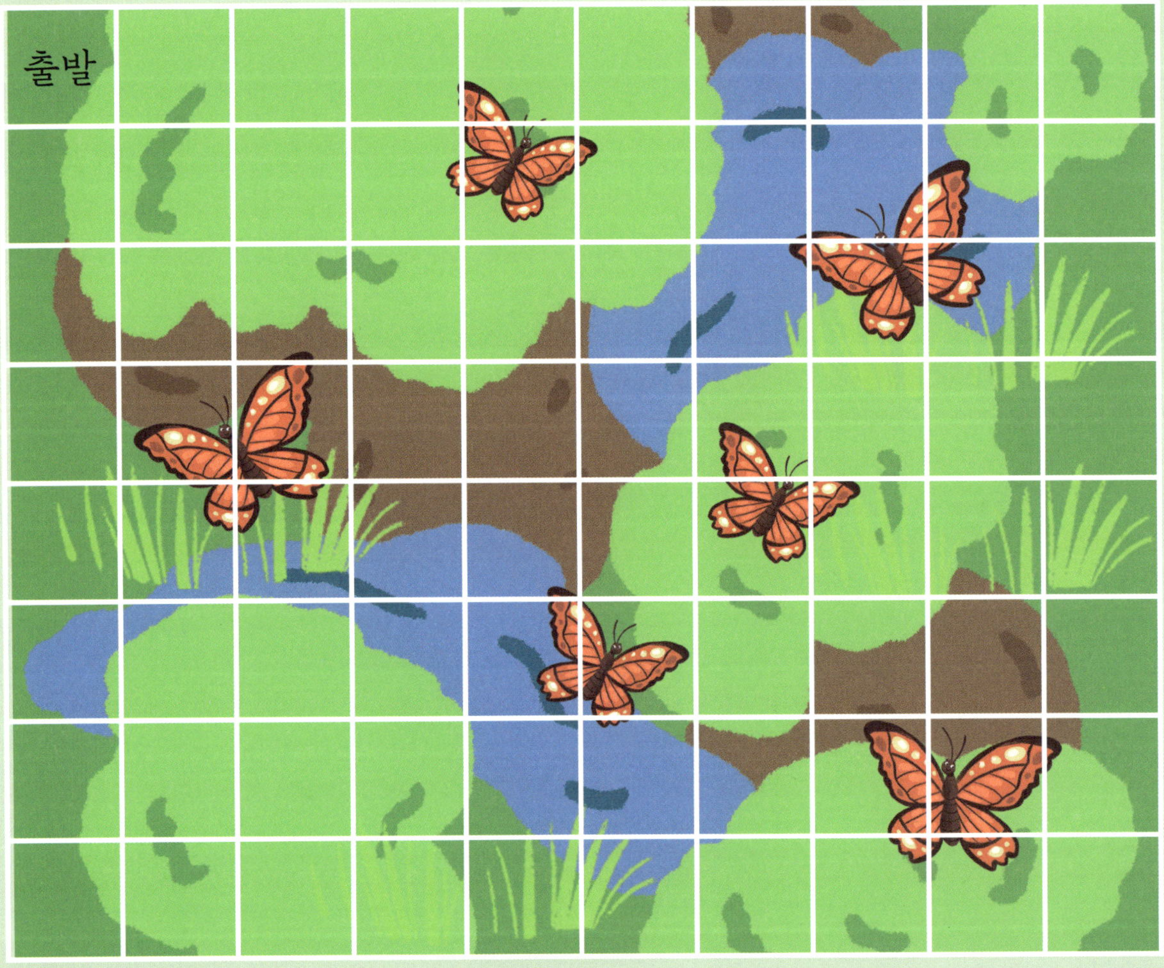

이상한 시간표

데이지의 개학 첫날 학교 시간표예요.
과목마다 수업 시간이 다른데, 각각 얼마나 될까요?

	시작 시간	종료 시간	수업 시간
영어	9:00am	9:45am	
수학	9:55am	10:35am	
과학	10:45am	12:15pm	
미술	1:30pm	2:20pm	
체육	2:35pm	3:30pm	

앨런 튜링과 함께 풀어 보아요!
데이지가 수업을 받은 시간은 전부 얼마나 될까요?

수영으로 자선 모금해요

런던시가 지원하는 수영 팀들이 자선 행사를 통하여 돈을 모금했어요.
각 수영 팀이 얼마나 많은 금액을 모았는지 계산할 수 있나요?

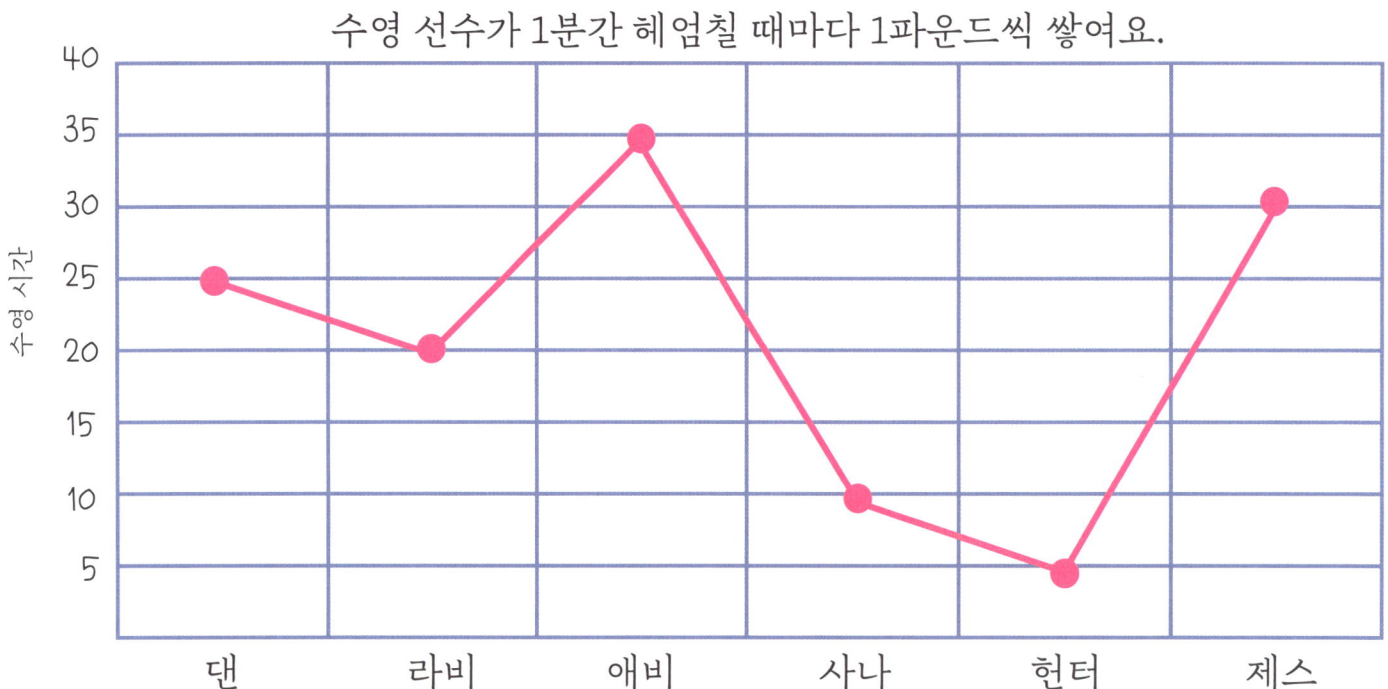

수영 선수가 1분간 헤엄칠 때마다 1파운드씩 쌓여요.

팀 1: 애비와 사나
팀 2: 댄과 제스
팀 3: 라비와 헌터

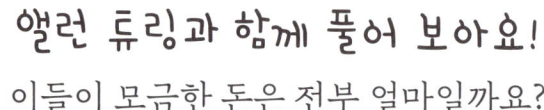

앨런 튜링과 함께 풀어 보아요!
이들이 모금한 돈은 전부 얼마일까요?

꽃을 사랑한 요정

요정은 꽃을 수집하는 것을 좋아해요.
각 열의 빈칸에 들어갈 꽃은 어떤 꽃일까요?

즐거운 달리기

이 달리기 코스에는 구간별 시간이 표시되어 있어요. 초록색 상의를 입은 선수와 노란색 상의를 입은 선수는 서로 다른 경로를 달렸는데, 두 선수는 각각 어떤 경로를 달렸을까요?

초록색 상의 선수 구간 기록

5분
5분
7분
10분
2분
4분
3분

노란색 상의 선수 구간 기록

5분
6분
4분
3분
8분
4분

우주를 향하여

숫자 4에서 시작하여 4의 배수에 해당하는 숫자를 선으로 연결해 보세요.

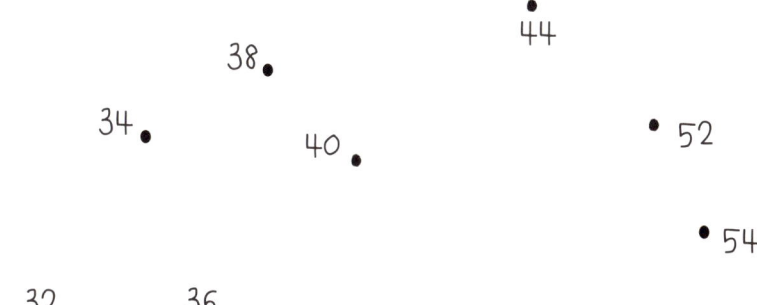

어떤 그림이 보이나요?

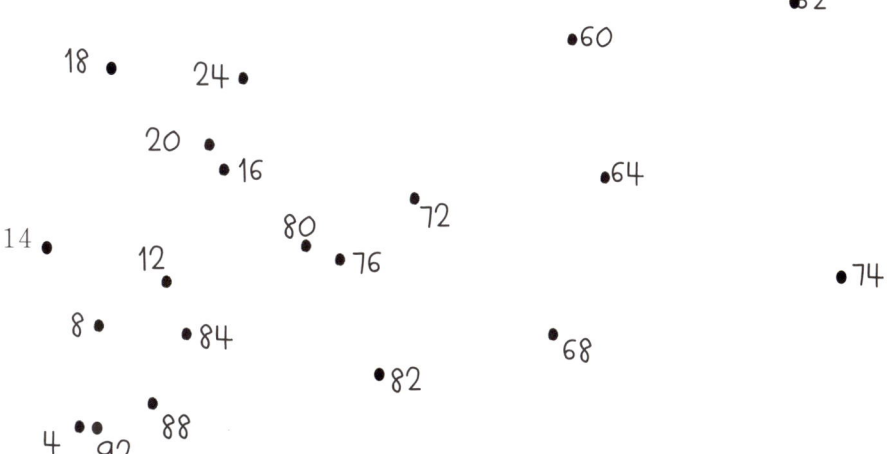

앨런 튜링과 함께 풀어 보아요!

Z=A, Y=B, X=C 등과 같이 알파벳을 거꾸로 설정했을 때, Zklool vovevm은 무슨 단어인지 알아보세요. 힌트는 달에 우주인들을 착륙시킨 우주 계획의 이름이랍니다.

같은 무게 만들기

케이크를 만들기 위해 우선 달걀 4개와 버터를 모두 저울의 한쪽에 올려놓아요. 그리고 밀가루 2봉지와 설탕 2봉지를 저울의 다른 한쪽에 올려놓아요. 이때 저울이 한쪽으로 기울지 않고 균형을 유지해야 하는데, 어떤 무게의 밀가루와 설탕을 골라야 할까요?

75 60

20 25

20 20 20 20

50 20

30 10

40 60

결승선을 향해 달려라

어떤 경주마가 이겼을까요?
주어진 단서를 이용하여 우승한
경주마의 번호를 맞혀 보세요.

단서 1: 10의 배수가 아니에요
단서 2: 4의 배수예요.
단서 3: 5 × 7보다 큰 수예요.

앨런 튜링과 함께 풀어 보아요!
7의 배수인 수를 가진 경주마는 전체 몇 분의 몇인가요?

박스로 만든 주사위

4개의 주사위를 살펴보세요. 이 중 2개가 아래의 펼침면으로 만든 주사위인데, 어느 것일까요?

1

2

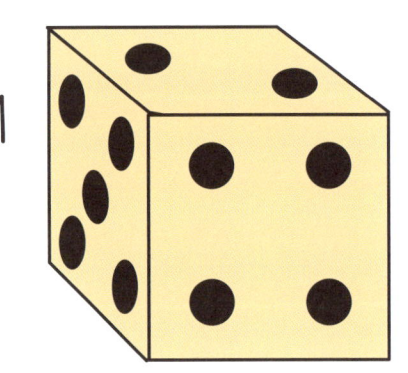

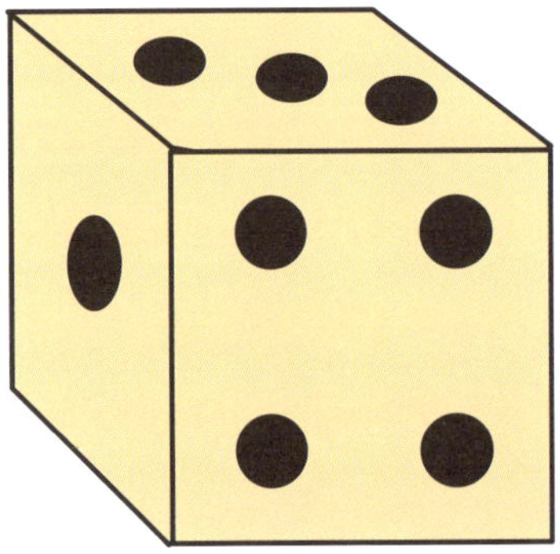

3

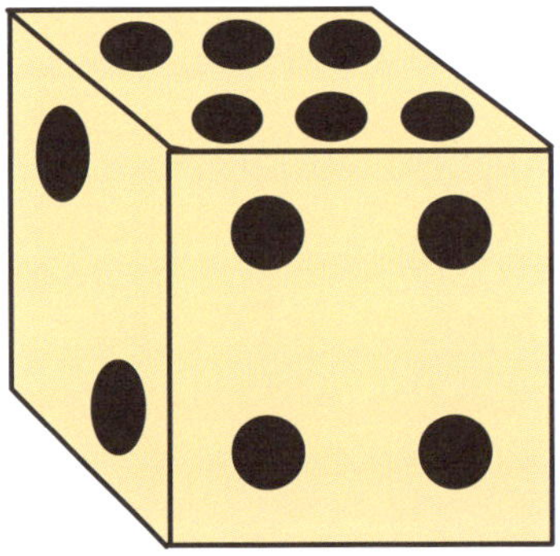

4

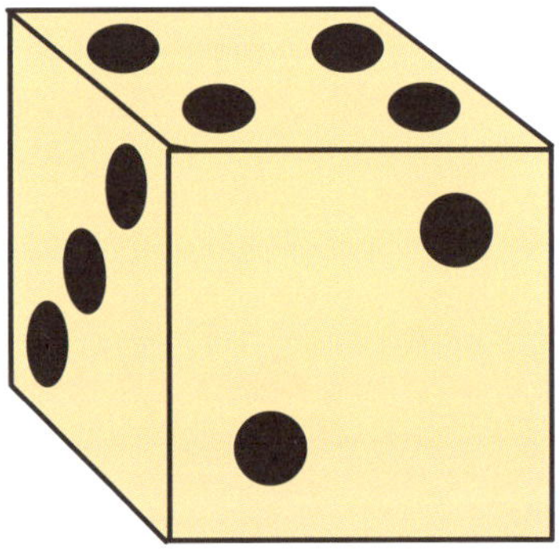

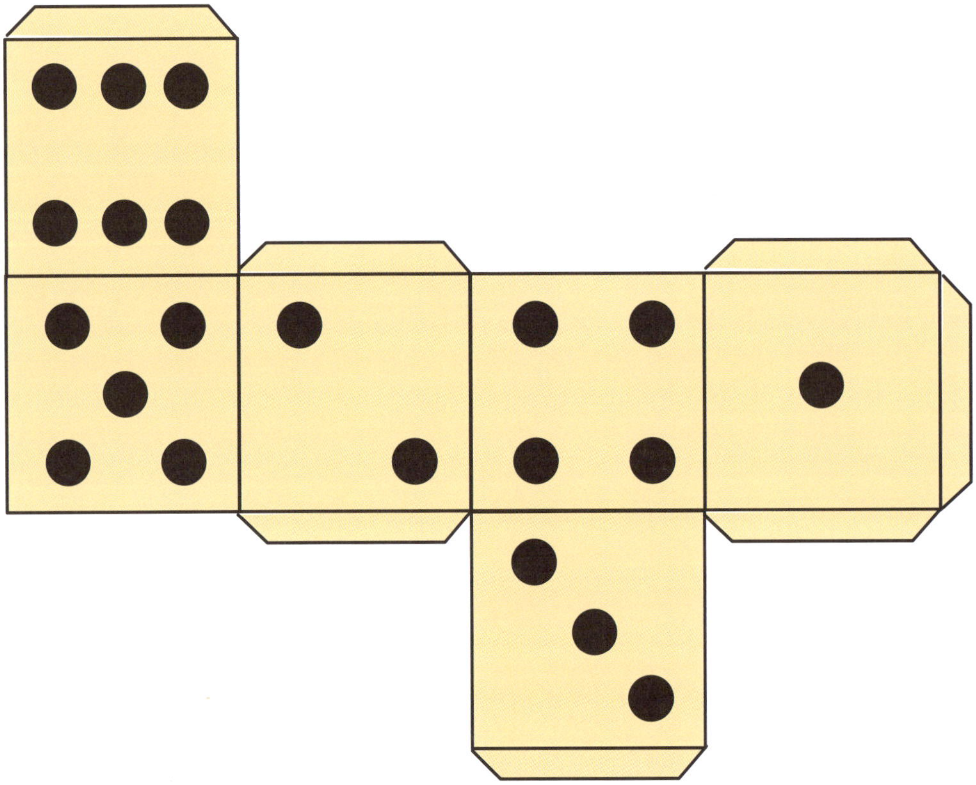

진주조개 찾기

인어가 반짝반짝 빛나는 진주를 지닌 조개를 찾을 수 있게 도와주세요. 조개 위 숫자들은 모두 2개씩 짝이 있어요. 짝이 없는 조개가 바로 진주를 지닌 조개랍니다.

재킷: 30달러
티셔츠: 25달러
운동복: 40달러
청바지: 20달러

운동복 2벌
청바지 1벌

재킷 1벌
청바지 2벌

재킷 2벌
티셔츠 1벌
청바지 1벌

1

2

3

5

4

운동복 1벌
티셔츠 1벌

재킷 1벌
티셔츠 2벌
운동복 1벌

쇼핑하러 여행 가요

여행에서 구매한 물품들을 살펴보세요.
물품 가격의 합이 가장 큰 쇼핑백은 어떤 것일까요?

앨런 튜링과 함께 풀어 보아요!

재킷 1벌, 티셔츠 1벌, 운동복 1벌
그리고 청바지 1벌을 사면 모두 얼마일까요?

킥보드 타며 스도쿠 풀기

킥보드를 타고 가며 빈칸에 숫자를 채워 보세요.

	3	5	6		4	8	9	
8		2		7	3	5	6	
9	6	1	2	8			7	4
2		6	3		9	1	5	
4			8		7		2	6
	7	9	1	2	6			8
1		7	4	9				3
	9	4	7		8	2		
3	2		5		1	7		9

가로줄인 행과 세로줄인 열에는 1부터 9까지의 수가 1번씩만 들어가요. 3열과 3행으로 이루어진 9개의 작은 박스도 마찬가지예요.

나비에게 색을 입혀 주세요

나비들의 모습이 조금 단조롭게 보이는군요.
아래의 백분율에 따라 나비를 예쁜 색으로 꾸며 보세요.

노란색: 10퍼센트
파란색: 20퍼센트
초록색: 20퍼센트
빨간색: 30퍼센트
검은색: 5퍼센트
보라색: 5퍼센트
주황색: 10퍼센트

앨런 튜링과 함께 풀어 보아요!

빨간색, 파란색, 노란색 나비들을 제외한
나비는 모두 몇 마리인가요?

장난감 정렬하기

헨리는 장난감을 일정한 순서로 맞추어 정렬하는 것을 좋아해요.
각 줄의 마지막 칸에 들어갈 장난감은 무엇일까요?

잠긴 문을 열어 주세요

3개의 문이 모두 잠겨 있어요. 각각의 문에 붙어 있는 기호를 이용하여 풀 수 있는 수식을 짝지으면 잠긴 문을 열 수 있답니다.

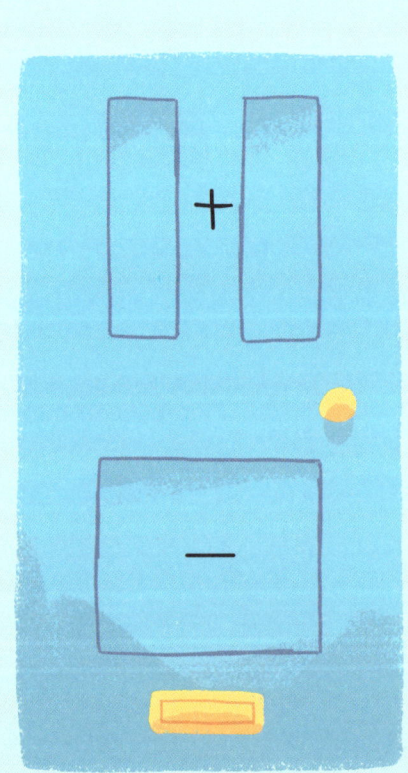
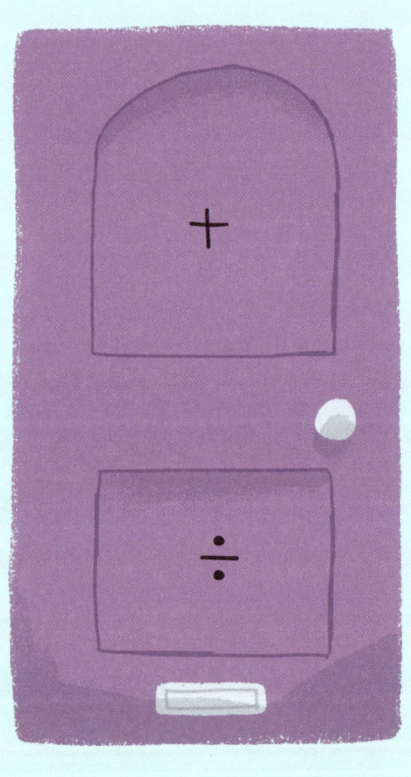

12 ☐ 4 ☐ 2 = 14

10 ☐ 12 ☐ 6 = 12

48 ☐ 15 ☐ 2 = 18

나뭇잎 속 숫자를 찾아라!

오른쪽의 숫자들을 나뭇잎 격자판에서 찾아보세요. 왼쪽에서 오른쪽으로 또는 오른쪽에서 왼쪽으로 찾아도 좋고, 위에서 아래로 혹은 아래에서 위로 찾아도 돼요. 대각선으로도 가능해요.

1098
1776
4436
8766
26790
34601
123456

앨런 튜링과 함께 풀어 보아요!
4개의 모서리에 있는 수를 모두 더하면 얼마일까요?

숫자 저글러

저글러가 공을 던지면서 어떤 메시지의 철자들을 번호로 바꾸었어요.
1=A, 2=B, 3=C와 같은 코드를 이용하여 메시지를 해독해 보세요.

1 12 1 14

20 21 18 9 14 7

23 1 19   2 15 18 14

9 14   12 15 14 4 15 14

앨런 튜링과 함께 풀어 보아요!

아래의 숫자를 거울에 비추어 보세요.
앨런 튜링이 태어난 해가 나타날 거예요.

1912

나는 무엇일까요?

격자판에서 5의 배수가 되는 수를 빨간색으로 칠해 보세요.
어떤 생물의 모습이 보이나요?

9	7	19	4	14	18	27	98	14	16	8	101	18
31	2	11	32	9				11	29	31	123	26
7	123	16	61	101				4	72	32	81	8
26	18	27	75	5	60		15	50	10	19	2	87
111	98	10	30	25	90		5	35	15	45	7	61
8	70	15		40	10		60	25		75	20	98
72	10	35	25	65	20		30	70	5	50	65	111
87	50	20	100		60		20		15	90	30	7
7	61	45	5	15	70		10	55	100	25	26	87
32	9	81	30	15	55		10	40	90	32	4	87
8	101	18	98	2	31		61	19	7	111	9	31

어떤 핫도그를 살까?

줄을 서서 핫도그를 사 볼까요?
핫도그는 아래의 조건에 맞게 사야 해요.

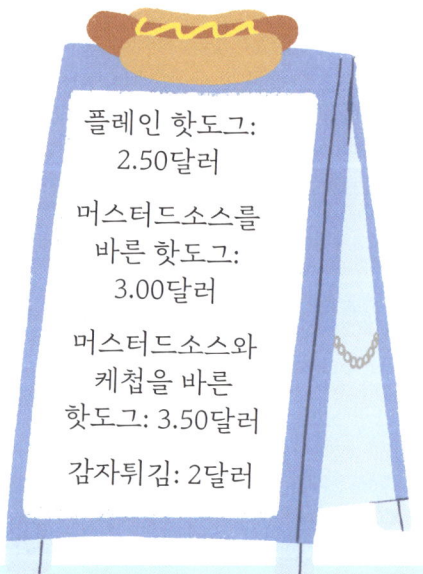

플레인 핫도그: 2.50달러

머스터드소스를 바른 핫도그: 3.00달러

머스터드소스와 케첩을 바른 핫도그: 3.50달러

감자튀김: 2달러

1. 핫도그 2개와 감자튀김 2개를 사야 해요. 10달러를 남김 없이 쓰려면 어떤 종류의 핫도그를 살 수 있을까요?
2. 5달러로 핫도그 2개를 사려 해요. 어떤 종류의 핫도그를 살 수 있을까요?
3. 14달러로 핫도그 4개와 감자튀김 2개를 사려고 해요. 어떤 종류의 핫도그를 살 수 있을까요?

앨런 튜링과 함께 풀어 보아요!

머스터드소스와 케첩을 바른 핫도그 1개와 감자튀김 1개를 사고 10달러를 냈다면, 거스름돈은 얼마를 받아야 할까요?

꿀이 뚝뚝 벌집 만들기

빠진 숫자를 채워 넣어 벌집을 완성하세요.

위에서부터 3개의 가로줄에 있는 숫자는 각각 그 수의 바로 아래에 걸쳐져 있는 두 수의 합이에요.

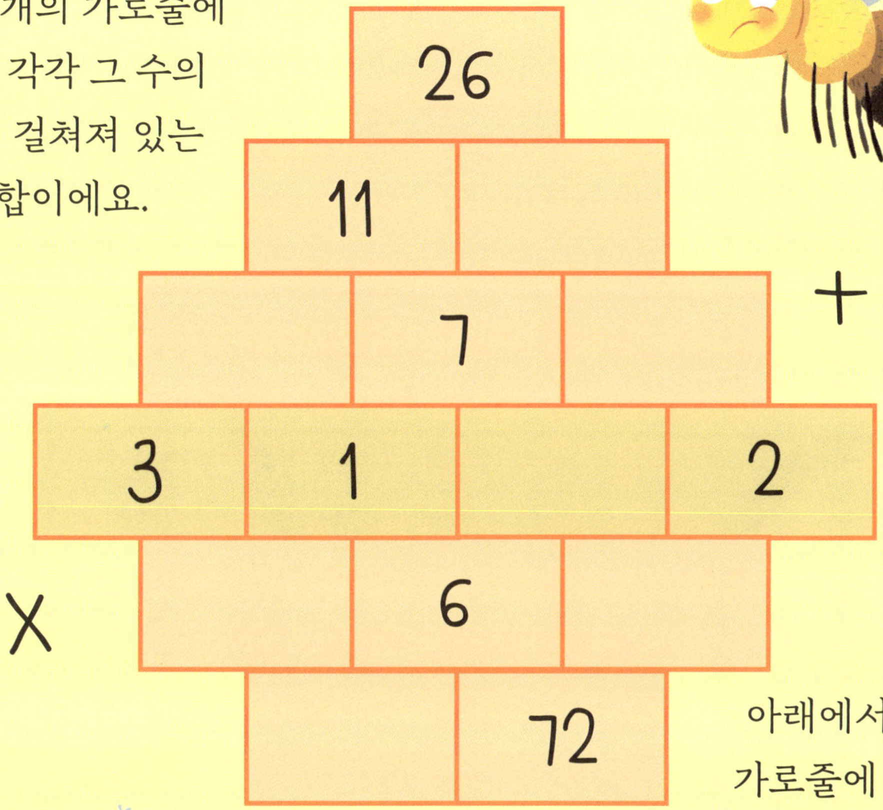

	26	
11		
	7	
3	1	2
	6	
		72

+

×

아래에서부터 2개의 가로줄에 있는 숫자는 각각 그 수의 바로 위에 걸쳐져 있는 두 수의 곱이에요.

트랙터 작동시키기

바퀴 안에 빠진 숫자들을 채워 넣어 트랙터가 움직이도록 해 주세요.

회색 바탕에 해당하는 숫자는 바로 옆 흰 바탕의 두 수를 더한 합이에요.

앨런 튜링과 함께 풀어 보아요!

바퀴 안에 있는 숫자들 가운데 5의 배수는 몇 개인가요?

가장 멋진 새는 어떻게 생겼을까?

제곱수에 해당하는 점만을 연결하면 지구상에서 가장 멋진 새의 모습이 나타날 거예요.
1부터 시작해 보세요.

달걀 모으기

미로를 통과할 때 길 위에 놓인 숫자만큼 달걀을 얻을 수 있어요.
올바른 길을 따라 미로를 잘 빠져나오면 몇 개의 달걀을 얻을 수 있나요?

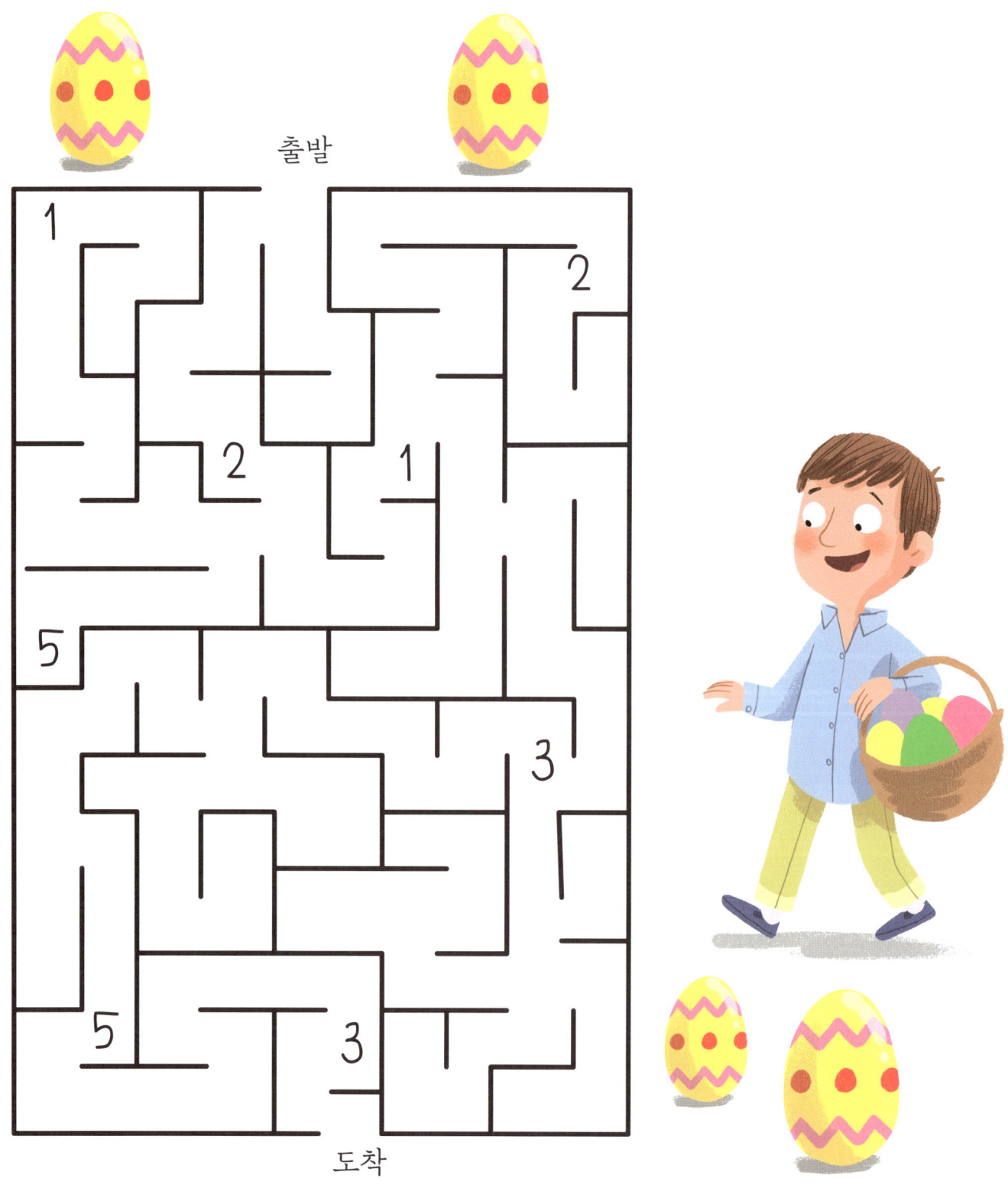

똑똑한 카드놀이

3개의 게임에서 각각 어떤 카드를 가진 사람이 이길까요?

붕붕 장난감 차 사기

4군데 상점에서 무선 조종 장난감 차를 할인 판매하고 있어요. 어떤 상점이 가장 저렴한 가격으로 팔고 있나요?

상점 1:
80달러짜리를 반값에 팝니다.

상점 2:
60달러짜리를 1/3 할인합니다.

상점 3:
100달러짜리를 65% 할인합니다.

상점 4:
110달러짜리를 50% 할인합니다.

앨런 튜링과 함께 풀어 보아요!
가장 비싼 가격으로 무선 조종 장난감 차를 판매하는 상점은 어디일까요?

마법사의 암호

빈칸에 1부터 4까지의 수를 채워 보세요.
격자칸에 있는 각각의 가로줄과 세로줄
안에서는 같은 수가 나타나면 안 돼요.
또한 굵은 선으로 표시된 4개의 칸
안에서도 같은 수가 나타나면 안 돼요.
빈칸에 수를 채워 넣은 후, 네 모서리에
있는 수를 왼쪽 위에서부터 시계 방향으로
읽으면 마법의 수가 된답니다.

	2		
		1	
2			4
4	3		

사육사의 일과

사육사 제이크는 오전 10시 30분부터 동물들에게 먹이를 주기 시작했어요. 기린에게 먹이를 주는 데 40분, 펭귄은 45분, 얼룩말은 30분이 걸렸어요. 이후 제이크는 1시간 동안 점심 식사를 한 뒤 25분 동안 사자에게 먹이를 주었지요. 제이크의 일과가 끝난 시간은 몇 시 몇 분일까요?

퍼즐 해답!

최선을 다해 퍼즐을 풀어 보지 않았다면 이곳을 엿보아서는 안 돼요! 퍼즐이 너무 어려워 앞으로 나아갈 수 없을 때는 문제를 찬찬히 다시 읽어 보세요.

해답

4쪽

5	+	7	−	3	=	9
+		+		+		
2	×	6	+	10	=	22
×		×		−		
10	×	2	+	7	=	27
=		=		=		
25		19		6		

앨런 튜링과 함께 풀어 보아요!

정답: 가로줄의 합(9 + 22 + 27 = 58)
세로줄의 합(25 + 19 + 6 = 50)

가로줄의 합이 더 커요.

5쪽

분홍색 연:
3 × 3 = 9, 15 − 4 = 11

새 모양의 연:
2 × 5 = 10, 300 ÷ 30 = 10

가오리연:
12 ÷ 4 = 3, 18 ÷ 6 = 3

날 수 없는 연은 분홍색 연이에요.

6쪽

마술사: 28점

기타 연주자: 31점

바이올린 연주자: 30점

기타 연주자가 가장 인기가 많아요.

앨런 튜링과 함께 풀어 보아요!

정답: Yellow(노랑) = 92
Green(초록) = 49
Blue(파랑) = 40

가장 큰 숫자가 되는 단어는 Yellow예요.

7쪽

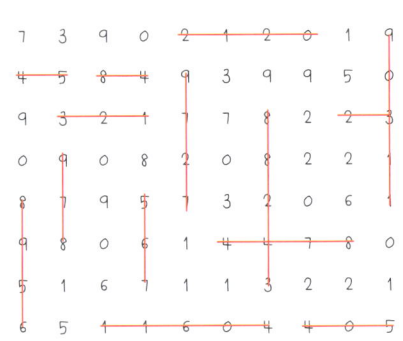

8쪽

피자 1 = 50도

피자 2 = 30도

피자 3 = 130도

앨런 튜링과 함께 풀어 보아요!

정답: 피자를 똑같이 6조각으로 나누면 360 ÷ 6 = 60이므로, 피자 1조각의 각도는 60도예요.

9쪽

10쪽

1. 사라지기
2. 작아지기
3. 26번
4. 2번

앨런 튜링과 함께 풀어 보아요!

정답: 130분 또는 2시간 10분

11쪽

나비 = 4

코끼리 = 20

뱀 = 15

송충이 = 5

해답

12쪽

25점 23점 26점

앨런 튜링과 함께 풀어 보아요!
정답: FAIRGROUND(장터)

13쪽
VIII: 8
XI: 11
IV: 4
XIII: 13
VI: 6

14쪽
사전: 42
과학책: 120
음악책: 100
소설책: 24

앨런 튜링과 함께 풀어 보아요!
정답: 25

15쪽

16쪽
선수 1: 14초
선수 2: 11초
선수 3: 13초
선수 2가 가장 빨라요.

앨런 튜링과 함께 풀어 보아요!
정답: 선수 1

17쪽
10

18쪽

	9	20		28	10
7	2	5	11 / 17	3	8
17	7	1	3	4	2
	20 / 9	8	5	7	7
23	6	2	9	5	1
7	3	4	15	9	6

19쪽
기차 1: 51명
기차 2: 30명
기차 3: 30명
기차 4: 42명

기차 1이 가장 많은 승객을 태울 수 있어요.

앨런 튜링과 함께 풀어 보아요!
정답: 153명

20쪽
28 − 11 = 17
36 ÷ 2 = 18
8 × 2 = 16
45 ÷ 3 = 15

해답

21쪽

3의 배수표

3, 6, 9, 12, 15, (18)

2씩 줄어드는 수

10, 8, 6, 4, (2)

앞에 나온 수의 2배인 수

1, 2, 4, 8, (16)

소수

2, 3, 5, 7, (11)

22쪽

1 × 8 + 6 − 4 = 10

1 × 8 + 6 + 2 = 16

1 × 4 + 6 + 2 = 12

23쪽

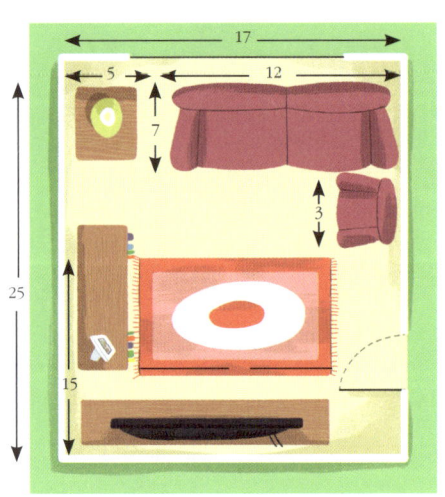

24쪽

1. 볼륨 보이스: 25

2. 삼바 스타스: 36

3. 힙합 후레이: 10 − 5 = 5

앨런 튜링과 함께 풀어 보아요!

정답: 25 + 30 + 29 + 36 = 120,
120 ÷ 4 = 30

25쪽

26쪽

바이올린: 5

트럼펫: 7

플루트: 12

기타: 14

앨런 튜링과 함께 풀어 보아요!

정답: 10 × 14 = 140

해답

27쪽

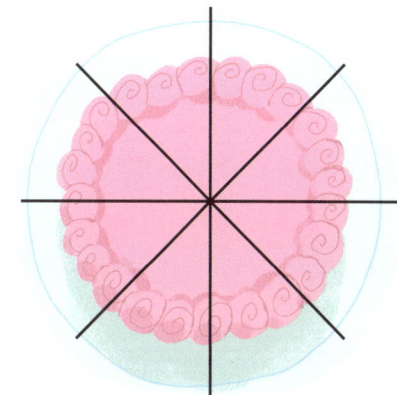

28쪽

파티 1:

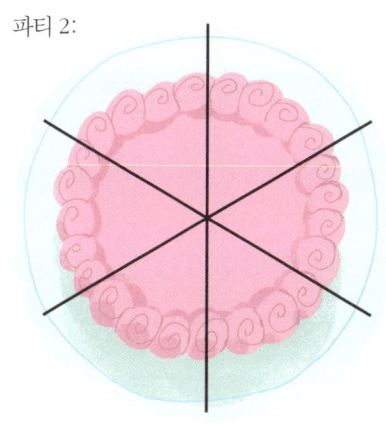

파티 2:

파티 3:

앨런 튜링과 함께 풀어 보아요!
정답: 60도

29쪽

강아지 1: 8과 5(13)

강아지 2: 7과 10(17)

강아지 3: 12와 2(14)

30쪽

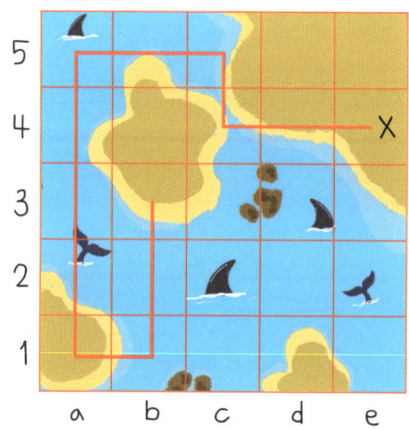

31쪽

24 = (2) × 12

17 = (27) − 10

27 = 3 × (9)

12 = 36 ÷ (3)

앨런 튜링과 함께 풀어 보아요!
정답: Hummingbird(벌새)

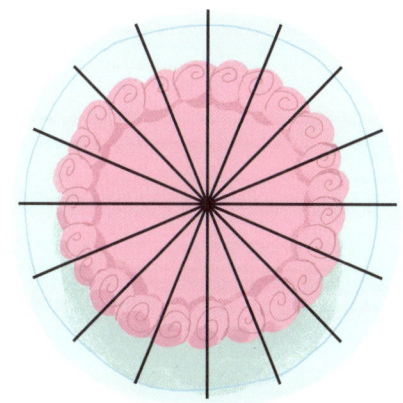

해답

32쪽

33쪽

앨런 튜링과 함께 풀어 보아요!
정답: 292와 696(292 + 696 = 988)

34쪽
사자 1: 14시간
사자 2: 14시간
사자 3: 16시간
사자 4: 12시간

가장 오래 잠을 잔 사자는 사자 3이에요.

35쪽
27

앨런 튜링과 함께 풀어 보아요!
정답: 21

36쪽
첫 번째 미끄럼틀: 50 ÷ 2 ÷ 5 + 13 − 2 − 10 + 2 + 6 = 14

두 번째 미끄럼틀: 6 × 4 ÷ 2 − 2 + 2 + 4 − 5 + 2 − 11 = 2

세 번째 미끄럼틀: 14 ÷ 2 × 3 × 5 ÷ 3 × 2 − 15 + 2 − 5 = 52

네 번째 미끄럼틀: 100 ÷ 2 × 3 − 45 + 4 + 1 − 40 = 70

앨런 튜링과 함께 풀어 보아요!
정답: 138(14 + 2 + 52 + 70 = 138)

37쪽

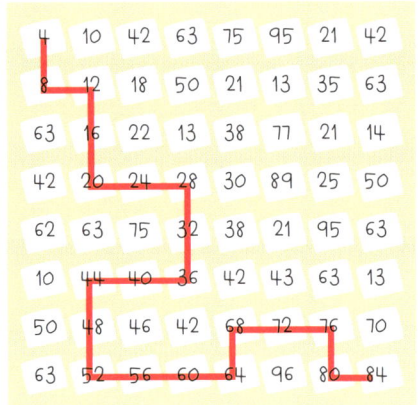

38쪽
A: 금화 9닢
B: 버섯 1개는 무료이므로 금화 12닢
C: 금화 16닢

앨런 튜링과 함께 풀어 보아요!
정답: 100살(25 × 4 = 100)

39쪽
아이들은 각각 초콜릿 11개, 막대 사탕 6개 그리고 젤리 13개씩 나눠 가질 수 있어요.

해답

40쪽

25 유나이티드: 4번 선수

33 로버스: 10번 선수

41쪽

소수 항공: (모든 숫자가 소수인 탑승권 1 - 29, 31, 37, 41, 43, 47)

7배수 항공: (모든 숫자가 7의 배수인 탑승권 2 - 7, 21, 35, 42, 49, 56)

홀수 항공: (모든 숫자가 홀수인 탑승권 3 - 5, 9, 13, 23, 77, 81)

앨런 튜링과 함께 풀어 보아요!

정답: 소수 항공이 가장 많은 승객을 태워요.

42쪽

버섯 9개

토마토 6개

후추 4개

올리브 25개

페퍼로니 30개

앨런 튜링과 함께 풀어 보아요!

정답: Mushrooms(버섯)

43쪽

1, 4, 9, 16, 25, (36 - 3, 5, 7, 9, 11의 홀수를 오름차순으로 더해요.)

1, 3, 7, 13, (21 - 2, 4, 6, 8의 짝수를 오름차순으로 더해요.)

1, 6, 11, 16, 21, (26 - 5를 더해 나가요.)

44쪽

13	23	40	89	16	57
24	6	22	17	80	90
17	36	57	97	9	77
31	22	81	10	12	4
26	30	23	33	43	52
7	11	9	4	61	5

45쪽

원숭이들은 각각 바나나 2개, 오렌지 3개, 사과 1개씩 가질 수 있어요.

앨런 튜링과 함께 풀어 보아요!

정답: 2마리의 원숭이는 각각 바나나 3개, 오렌지 4와 1/2개, 사과 1과 1/2개씩 가질 수 있어요.

46쪽

3	54	5	42	15	7	14	3	90	18	2	25
12	18	36	37	27	18	42	81	30	10	7	27
25	6	90	42	32	8	25	18	6	54	30	54
10	2	30	11	77	64	72	41	15	18	16	5
81	15	40	55	66	33	40	48	2	42	25	36
7	17	8	64	33	110	44	80	36	10	3	7
27	54	42	80	32	22	77	99	64	80	81	90
14	7	3	18	48	72	11	66	44	32	64	12
2	25	38	27	81	16	64	99	33	22	16	2
5	12	36	7	54	27	80	32	11	44	18	42
42	18	10	15	39	25	6	2	54	14	43	10
6	90	2	14	3	42	18	12	81	5	15	7

해답

47쪽

세트 1의 가짜 보석: 17 (3, 9, 12, 18은 3의 배수이지만, 17은 아니에요.)

세트 2의 가짜 보석: 4 (1, 3, 7, 9는 홀수이지만, 4는 짝수예요.)

세트 3의 가짜 보석: 23 (7, 14, 21, 84는 7의 배수이지만, 23은 아니에요.)

앨런 튜링과 함께 풀어 보아요!

정답: 17 + 4 + 23 = 44

48쪽

앨런 튜링과 함께 풀어 보아요!

정답: 100개

49쪽

1. 화요일
2. 4일
3. 30명
4. 130명

50쪽

수수께끼 답

1. 6(누이는 단 1명으로, 다섯 아들 모두의 누이가 돼요.)
2. 2(바구니에 남은 컵케이크가 아니라, 당신이 가진 컵케이크를 묻는 문제예요.)
3. 64살

도둑이 숨어 있는 문은 빨간색 문이에요.

51쪽

52쪽

24	14	1	77	11	89	9	46	88	1
36	9	12	18	30	11	34	56	56	33
48	66	6	46	60	43	89	11	14	1
56	55	46	1	36	46	34	3	43	44
89	33	18	42	24	9	9	1	55	22
9	88	12	1	77	11	55	88	9	46
1	43	12	43	42	48	54	3	1	89
43	22	66	30	18	99	6	77	3	22
14	34	46	1	55	33	48	42	22	77
89	1	88	77	45	14	88	12	30	60

해답

53쪽

메시지 1: 2

메시지 2: 8

앨런 튜링과 함께 풀어 보아요!

정답: 9

54쪽

55쪽

연필 2개

지우개 1개

책 5권

자 1개

앨런 튜링과 함께 풀어 보아요!

정답: 학생들은 각각 4권의 책을 받을 수 있고, 4권이 남아요.

56쪽

도로 1: 31분

도로 2: 27분

가장 빠른 도로는 도로 2예요.

앨런 튜링과 함께 풀어 보아요!

정답: 오후 12시 16분

57쪽

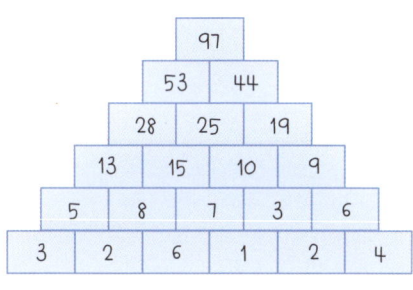

58쪽

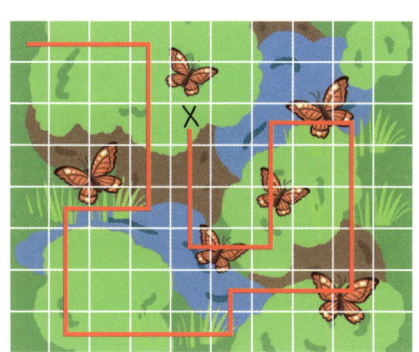

59쪽

	시작 시간	종료 시간	수업 시간
영어	9:00am	9:45am	45분
수학	9:55am	10:35am	40분
과학	10:45am	12:15pm	1시간 30분
미술	1:30pm	2:20pm	50분
체육	2:35pm	3:30pm	55분

앨런 튜링과 함께 풀어 보아요!

정답: 4시간 40분

60쪽

팀 1: 45파운드

팀 2: 55파운드

팀 3: 25파운드

앨런 튜링과 함께 풀어 보아요!

정답: 125파운드

61쪽

해답

62쪽

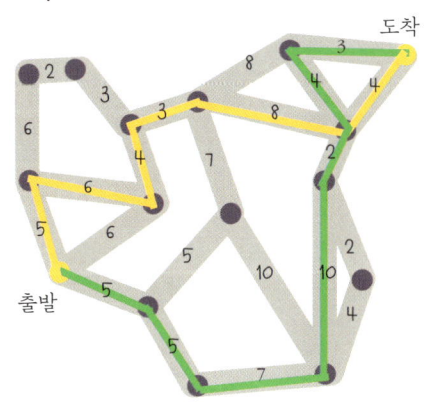

63쪽

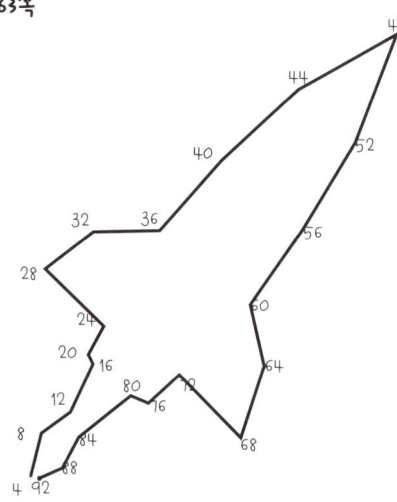

앨런 튜링과 함께 풀어 보아요!
정답: Apollo Eleven(아폴로 11)

64쪽

달걀: 4 × 20 = 80
버터: 40 + 60 = 100
달걀 + 버터: 80 + 100 = 180
저울 한쪽의 무게가 180이므로 다른 한쪽도 180이어야 해요.
밀가루: 75 + 25 = 100
설탕: 50 + 30 = 80
밀가루 + 설탕: 100 + 80 = 180

저울의 균형을 맞추려면 무게가 75, 25인 밀가루와 무게가 50, 30인 설탕을 골라야 해요.

65쪽

44번 경주마

앨런 튜링과 함께 풀어 보아요!
정답: 28번 경주마와 42번 경주마가 7의 배수인 수를 가지고 있으므로 5분의 2가 돼요.

66쪽

주사위 2와 주사위 3

67쪽

10	90	71	24		79	55	80	35
47	32	16	78	21	56	5	78	70
17	66	79	32	88	50	5	31	33
55	61	44	80	70	7	12	52	7
69	10	56	47	17	41	99	2	67
23	88	93	50	16	22	33	2	71
13	22	99	24	93	35	52	31	69
44	23	61	21	41	67	90	66	13

68쪽

쇼핑백 1: 105달러
쇼핑백 2: 100달러
쇼핑백 3: 70달러
쇼핑백 4: 120달러
쇼핑백 5: 65달러

4번 쇼핑백에 들어 있는 물품 가격의 합이 제일 커요.

앨런 튜링과 함께 풀어 보아요!
정답: 115달러

69쪽

7	3	5	6	1	4	8	9	2
8	4	2	9	7	3	5	6	1
9	6	1	2	8	5	3	7	4
2	8	6	3	4	9	1	5	7
4	1	3	8	5	7	9	2	6
5	7	9	1	2	6	4	3	8
1	5	7	4	9	2	6	8	3
6	9	4	7	3	8	2	1	5
3	2	8	5	6	1	7	4	9

해답

70쪽

노란색 10퍼센트: 노란색 2마리

파란색 20퍼센트: 파란색 4마리

초록색 20퍼센트: 초록색 4마리

빨간색 30퍼센트: 빨간색 6마리

검은색 5퍼센트: 검정색 1마리

보라색 5퍼센트: 보라색 1마리

주황색 10퍼센트: 주황색 2마리

앨런 튜링과 함께 풀어 보아요!

정답: 8마리

71쪽

72쪽

빨간색 문: $48 - 15 \times 2 = 18$

파란색 문: $12 + 4 - 2 = 14$

보라색 문: $10 + 12 \div 6 = 12$

73쪽

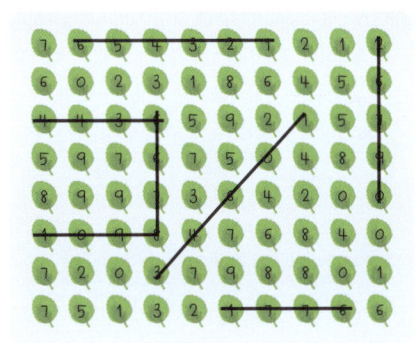

앨런 튜링과 함께 풀어 보아요!

정답: 22

74쪽

Alan Turing was born in London(앨런 튜링은 런던에서 태어났어요)

앨런 튜링과 함께 풀어 보아요!

정답: 1912

75쪽

76쪽

1. 머스터드소스를 바른 핫도그
2. 플레인 핫도그
3. 플레인 핫도그

앨런 튜링과 함께 풀어 보아요!

정답: 4.50달러

77쪽

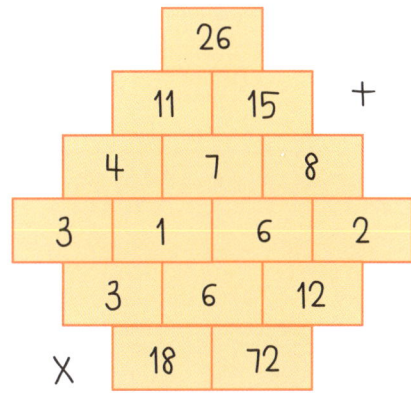

78쪽

앨런 튜링과 함께 풀어 보아요!

정답: 6개(15, 15, 40, 45, 45, 60)

해답

79쪽

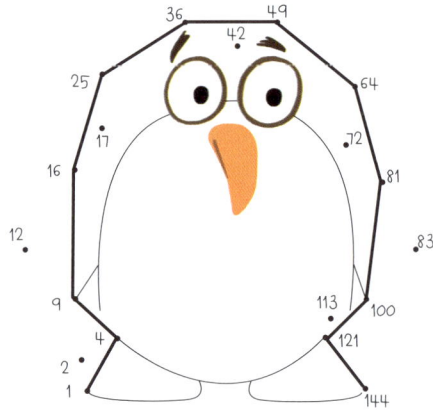

80쪽

14개의 달걀을 얻을 수 있어요.

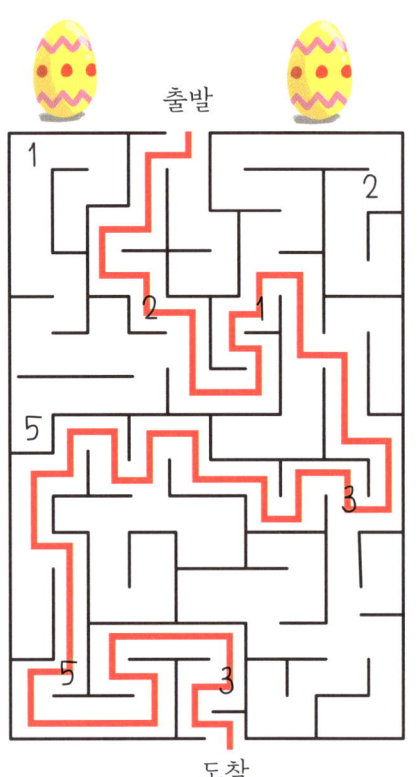

81쪽

게임 1:

게임 2:

게임 3:

82쪽

상점 1: 40달러
상점 2: 40달러
상점 3: 35달러
상점 4: 55달러

상점 3의 가격이 가장 저렴해요.

앨런 튜링과 함께 풀어 보아요!
정답: 상점 4의 가격이 가장 비싸요.

83쪽

마법의 수는 1314예요.

1	2	4	3
3	4	1	2
2	1	3	4
4	3	2	1

84쪽

오후 1시 50분